本书获得国家社会科学基金项目"数字经济下网络生态系统
创、收益共享及治理策略研究"（项目编号：22BGL072）的资助。

RESEARCH ON ENTERPRISE VALUE CREATION OF
SERIAL ACQUISITIONS

企业系列并购价值创造研究

刘 莹◎著

经济管理出版社
ECONOMY & MANAGEMENT PUBLISHING HOUSE

图书在版编目（CIP）数据

企业系列并购价值创造研究 / 刘莹著. -- 北京：
经济管理出版社，2024. -- ISBN 978-7-5243-0087-8

Ⅰ. F279.21

中国国家版本馆 CIP 数据核字第 2024MS8111 号

责任编辑：丁慧敏
责任印制：张莉琼

出版发行：经济管理出版社
　　　　　（北京市海淀区北蜂窝 8 号中雅大厦 A 座 11 层　100038）
网　　　址：www.E-mp.com.cn
电　　　话：（010）51915602
印　　　刷：唐山玺诚印务有限公司
经　　　销：新华书店
开　　　本：720mm×1000mm/16
印　　　张：11.75
字　　　数：207 千字
版　　　次：2025 年 1 月第 1 版　　2025 年 1 月第 1 次印刷
书　　　号：ISBN 978-7-5243-0087-8
定　　　价：98.00 元

前　言

　　本书将企业在一段时期内进行的多次并购称为系列并购。诺贝尔经济学奖得主斯蒂格勒（1996）曾经说过"没有一个美国大公司不是通过某种程度、某种方式的并购成长起来的，几乎没有一家大公司主要是靠内部积累成长起来的"。美国企业成长演进历史表明，系列并购这种成长方式能够对发展大企业提升企业竞争力起到重要作用。但目前国内外关于企业系列并购的相关研究还很少，已有研究主要集中在采用事件研究法或会计研究法分析并购次数的增加，并购绩效的变动趋势。企业系列并购的内在价值创造机理是什么？怎样才能不断提高企业系列并购的绩效？基于这样的背景，本书主要围绕以下四个问题展开研究。

　　第一，对并购能力的含义、子能力要素及提升路径进行研究。并购能力驱动企业系列并购价值创造，目前关于并购能力的研究还处于初始阶段。本书在梳理前人研究成果，分析指出现有研究不足的基础上，运用企业能力理论对并购能力进行重新定义，对并购能力的子能力要素进行新的界定和分析，并提出并购能力的提升路径。

　　第二，企业系列并购的内在价值创造机理是什么？本书运用企业能力理论和企业并购价值理论，构建"双力驱动价值创造模型"，将企业的经营能力和并购能力结合起来阐述企业系列并购的价值创造机理。运用"双力驱动价值创造模型"对百年知名企业青岛啤酒系列并购的历程进行分析，剖析系列并购过程中并购能力和经营能力各自在相互作用过程中的演进历程，以及由此产生的价值创造效应，并且印证了企业系列并购具有将单个散落的珍珠串成珍珠项链的"珍珠项链效应"。

　　第三，经营效率不同的企业进行系列并购的目的是否相同？不同经营效率企业系列并购的具体价值创造机理有何不同？本书对经营效率高和经营效率不佳的两类典型企业系列并购的动机、各自的具体价值创造机理和价值创造特点进行分析。提出并购通过改变企业的经营效率（价值创造效率）和企业控制资源的数量来创造价值。提出企业系列并购有"间隔型系列并购模式"和"连续型系列并购模式"两种典型模式。运用"双力驱动价值创造模型"进一步分别分析经营效率高和经营效率不佳的两类典型企业实施系列并购的动机以及各自系列并购的具体价值创造机理和价值创造特点。运用 ROE 和 EVA 共同计量企业系列并购的价值创造结果。ROE 计量企业的经营效率（价值创造效率），EVA 计量企业的价值创造数量，全面分析企业系列并购的财务绩效。通过理论分析和实证研究验证 ROE 和 EVA 两种指标计量企业并购价值创造的结果既有一定的一致性，又不完全相同。运用实证统计分析对所提出的两类经营效率不同的企业各自系列并购的价值创造特点进行验证，并对企业系列并购的价值创造结果进行统计分析，分别对企业"系列并购期间""间隔型并购""连续型并购"的财务并购绩效进行分析，相对以往的系列并购财务绩效研究，能够获得更多的企业系列并购财务绩效信息。

第四，系列并购是"双刃剑"，成功的系列并购会帮助企业迅速扩大规模、获得竞争优势，给企业创造巨大的价值，但是系列并购是企业最复杂的投资和管理活动，许多企业并不具备进行系列并购的能力和条件，失败的系列并购会使企业大伤元气甚至威胁企业的生存。本书对企业系列并购失败的原因进行理论研究，同时对文化长城系列并购失败最终退市的案例进行分析，警示企业不要盲目进行系列并购。

本书从企业能力的视角，对企业系列并购价值创造机理进行较为全面的分析和总结，希望能给企业并购实践提供有益的借鉴。同时对企业系列并购失败的原因进行理论分析和案例分析，希望能对系列并购的风险予以警示。

感谢国家社会科学基金项目"数字经济下网络生态系统价值共创、收益共享及治理策略研究"（项目编号：22BGL072）的资助，感谢北京联合大学管理学院对本书的出版给予的支持和帮助，同时感谢经济管理出版社各位编辑的辛苦工作。本书虽然反复修订，由于作者水平有限，编写时间仓促，书中错误和不足之处在所难免，恳请广大读者批评指正。

刘莹
2024 年 8 月

目 录

1　引言

1.1　研究背景

企业之间的并购（Merger and Acquisition）是经济活动中非常普遍和重要的现象。并购导致大量资源在企业之间重新配置，对一国资源配置效率（Efficiency）具有重要的影响（蒋冠宏，2021）。企业并购在西方资本主义国家由来已久，伴随着经济的增长，美国经历了特征迥异的五次并购浪潮。19世纪末至20世纪初，为了追求规模经济，出现了以横向并购为主的第一次并购浪潮，许多企业通过并购成为规模巨大的垄断公司，第一次并购浪潮改变了美国的经济结构，美国的工业化集中程度显著提高。1916~1929年，出现了以纵向并购为主的第二次并购浪潮，形成了许多从原材料供应到生产销售的多部门垄断集团。1963~1971年，出现了以跨行业混合并购为主的第三次并购浪潮，以多元化经营来分散市场风险，形成了大批跨行业的多元化经营企业集团。1975~1988年，出现了第四次并购浪潮，由于当时大部分多元化经营企业的业绩都很不好，许多企业逐步收缩经营领域，向主业回归，并购的目标主要是与并购企业所在行业相关的企业。1992~2000年出现了第五次并购浪潮，许多大企业为了应对日益激烈的全球化竞争，纷纷跨国并购，形成强强联合的跨国公司。美国企业五次并购浪潮概况归纳如表1-1所示。

表 1-1　美国企业五次并购浪潮概况

并购浪潮	发生时间	主要并购类型	并购主要目的	并购结果
第一次	1897~1904 年	横向并购	垄断	形成规模巨大的垄断公司
第二次	1916~1929 年	纵向并购	寡头垄断	形成多部门的垄断集团
第三次	1963~1971 年	大型企业间混合并购	分散经营风险	形成多元化经营企业集团
第四次	1975~1988 年	同行业或相关行业并购	回归主业	相关多元化经营企业增多
第五次	1992~2000 年	跨国战略并购	参与全球竞争	形成强强联合跨国公司

资料来源：作者整理。

　　五次并购浪潮使美国企业快速发展壮大，形成许多主要通过并购不断壮大的世界闻名大企业集团，如：美国艾默生电器公司全球 60 多个子公司中 90% 是并购来的（胡玲，2003）。20 世纪 90 年代，思科、通用电气、微软等都并购超过 50 个公司（Laamanen & Keil，2008）。许多公司在一段时间内进行了多次并购（Fuller et al.，2002；Aktas et al.，2013）。Ahern（2008）研究发现，1980~2004 年美国发生的 12942 个并购事件中，只有 38% 的并购是由第一次进行并购的企业实施的，占比 10% 的最活跃并购企业实施的并购占全部并购交易总量的 35%。

　　Schipper 和 Thompson（1983）曾经指出，企业经常进行一系列相互关联的并购去实现具体的战略目标。诺贝尔经济学奖得主斯蒂格勒（1996）曾经说过"没有一个美国大公司不是通过某种程度、某种方式的并购成长起来的，几乎没有一家大公司主要是靠内部积累成长起来的"。

　　1993 年 9 月，深圳宝安公司并购上海延中实业公司，中国上市公司并购从此开始，中国并购市场的并购案例和并购金额都呈增长势头，并且势头迅猛。2010~2023 年中国并购市场的并购交易案例数和披露的并购交易总金额如表 1-2 和图 1-1 所示。

表 1-2　2010~2023 年中国企业并购规模

年份	2010	2011	2012	2013	2014	2015	2016
交易数量（笔）	4615	4049	3462	2787	3226	5236	4010
交易金额（亿美元）	1555	1586	1531	1785	2038	3422	2533

续表

年份	2017	2018	2019	2020	2021	2022	2023
交易数量（笔）	3775	3706	4137	4158	4994	5280	3434
交易金额（亿美元）	4638	3738	3416	2715	2697	1895	1514

数据来源：CVSource 投中数据。

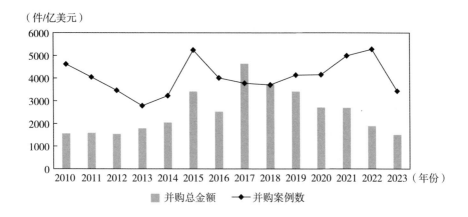

图 1-1　2010～2023 年中国并购市场的并购案例数和并购总金额

数据来源：CVSource 投中数据。

中国并购交易市场在 2012～2017 年经历了一个明显的增长期，这与当时的经济环境、政策支持以及企业扩张需求有关。2017 年，一系列新规的出台，使忽悠式、跟风式跨界并购得到明显遏制，特别是借壳重组迅速归于理性，并购重组逐渐回归本源，加速向价值投资、产业意义迈进。2017 年之后，尽管交易数量呈上升趋势，但交易金额在 2017 年达到顶峰后呈现下降趋势，2022 年虽然交易数量达到最高，但交易金额并未同步增长，这意味着单笔交易的平均规模在减少。这反映了市场环境的变化、经济增速的放缓以及企业并购策略的调整。

中国企业并购虽然只经历了短短几十年，但随着经济不断发展，越来越多企业开始通过并购交易来打通产业链、拓展新的业务类型甚至实现业务转型，也涌现许多知名企业，如：工商银行、青岛啤酒、燕京啤酒、复星药业、中粮集团、北汽福田、中集集团等许多企业都进行过多次并购。毛雅娟（2011）对国泰安《中国上市公司并购重组研究数据库》中 2000～2007 年发生的并购事件进行整理后发现，我国70%左右的上市公司3~5年进行过两次以上并购。郭冰等（2011）选取2004~2008年我国A股上市公司并购事件研究发现，每家上市公司累计并购次数为4.24次。翟育明等（2013）对国泰安《中国上市公司并购重组研究数据库》（2012版）进行统计发现，A股市场上3~5年进行过两次以上并购的企业占并购企业总数的66%。陈仕华等（2020）根据国泰安数据库整理的2015~2017年中国A股上市公司并购数据显示，63.04%的公司每年至少发生1次并购交易，43.30%的公司每年至少发生2次并购交易，而29.16%的公司每年至少发生3次并购交易。根据国泰安数据统计，2003~2019年，我国在一年内发起两次以上并购交易的上市公司高达1844家（庄明明等，2021），虽然近几年我国并购交易的数量和金额有所下降，但上市公司连续并购的相关报道还是屡见不鲜，翻看并购相关的案例研究，发现进行并购的企业通常都不止进行一次并购，普遍进行过多次并购，可见上市公司进行系列并购是非常普遍的现象。

虽然企业在一段时期内进行多次并购是比较普遍的现象，但目前关于企业并购的研究主要集中于单次并购的研究。关于企业多次并购研究的文献较少，尤其是国内的相关研究更是少之又少，已有研究普遍集中于对企业多次并购绩效的实证研究，运用事件研究法或会计研究法分析随着并购次数的增加，企业并购绩效的变化趋势。关于企业系列并购其他方面的研究还非常少。国内外实证研究大多得出企业多次并购绩效呈现下降趋势的结论，学者们根据实证研究结果，从管理者过度自信、委托代理问题、并购企业短期内并购的次数过多导致"消化不良"等消极角度推断企业多次并购绩效的产生原因。虽然企业多次并购的大样本实证研究结论大多表明进行多次并购的企业绩效呈下降趋势，但每天仍有大量的并购在世界各地发生，理论界形成的研究结论难以解释实际的并购现象。另外，现实中有些企业通过不断的成功并购为股东创造了巨大的价值，如美国的思科（Cisco）和通用电气（GE），我国的青岛啤酒集团也是通过不断并购成长为国内外知名啤酒大企业的典范，还有许多知名企业也是通过并购不断成长并壮大为行业龙头企业。企业系列并购的内在价值创造机理是什么？企业系列并购失败的原因有哪些？如何提高企业系列并购的成功率？本书的相关研究正是基于这样的背景展开。

1.2 研究意义

并购是企业迅速开拓新的市场领域、获取新竞争力最便捷的途径。随着竞争的日益全球化和技术进步的日新月异，越来越多的企业将系列并购作为重要的发展战略。由于企业系列并购研究的复杂性，目前国内外大量关于企业并购的文献主要集中于对企业单次并购的方方面面进行研究，而现实情况是企业往往不止进行过一次并购。目前关于企业多次并购相关研究的文献还比较少。尽管多次并购的企业普遍存在，令人惊讶的是，关于这种积极并购行为的特点和绩效结果的研究却很少（Fuller et al.，2002；Hayward，2002；Degbey，2015；张晓旭等，2021）。当前关于企业系列并购研究主要集中在运用事件研究法或会计研究法研究随着并购次数的增加，企业系列并购绩效的变化趋势。并购价值创造的研究具有重要的理论与实践指导意义（崔永梅等，2021），然而却鲜有关于企业并购价值创造机理的相关研究，关于企业系列并购的内在价值创造机理的相关研究更是少之又少，关于如何提升企业的并购能力、企业系列并购失败的原因、并购能力和经营能力之间的关系均鲜有研究。本书力图进一步丰富企业系列并购的理论研究，以期对企业系列并购实践也具有一定的指导作用。

1.2.1 理论意义

本书在梳理前人研究成果的基础上对企业并购能力的含义进行新的阐释，对并购能力的子能力构成要素重新进行分类并阐释，对如何提升企业并购能力进行分析。构建"双力驱动价值创造模型"对企业系列并购的价值创造机理进行分析，并将企业系列并购模式区分为"间隔型系列并购模式"和"连续型系列并购模式"。分别对经营效率高和经营效率不佳两类企业进行系列并购的动机以及各自系列并购的具体价值创造机理进一步进行阐释。将企业管理者在实践中总结出的系列并购所具有的将单个散落的珍珠串成珍珠项链的"珍珠项链效应"上升至理论高度进行研究，剖析"珍珠项链效应"产生的原因。本书对并购能力和经营能力相互之间的关系进行分析，对企业系列并购失败的原因进行分析。

张秋生（2010）认为，并购的动机和绩效是并购理论研究的重要组成部分，在并购的动机和绩效之间形成了并购"黑箱"，并购难以成功的原因是人们没有认识到并购行为和并购活动的规律。从我国企业并购重组的实践来看，并未破解"并购重组如何创造协同价值"的"黑匣子"（崔永梅等，2021）。本书试图运用企业能力理论和企业并购价值理论对企业系列并购的内在价值创造机理进行研究，试图在打开企业多次并购动机与并购绩效之间的并购"黑箱"方面做出一定的努力，以丰富企业多次并购和企业能力理论的相关研究。

1.2.2　现实意义

持续获得和保持竞争优势，从而不断创造更多价值，实现企业价值最大化是企业一生追求的目标。在经济全球化浪潮和信息技术飞速发展的推动下，企业经营的外部环境变化越来越快，企业间的竞争不断加剧，任何企业都不可能依赖某种技术或产品优势一直保持竞争优势。在当今的商业环境中，企业要不断重新评估自身的资源和能力，充分利用环境带来的机会，包括与其他企业合并资源的机会（Eisenhardt & Bingham，2004）。如今已经进入了数字化技术突飞猛进的人工智能时代，企业很难仅仅依靠自身积累不断获得竞争优势，越来越多的企业选择通过不断并购的方式实现企业的扩张和实施企业的战略，以此获得和保持竞争优势。首先，并购可以在短时间内得到企业依靠自身有机成长要花费很长时间甚至花费很长时间也得不到的资源和能力。其次，通过并购企业不仅能够快速获取所需要的资源和能力，而且能够消灭掉竞争对手。最后，通过并购，企业可以付出较少的资源不断去控制更多的资源，可以付出相对较小的代价快速调整自身的资源和能力。企业在其发展历程中很可能不止进行一次并购，通过实施一系列并购形成企业集团，不仅能够快速获取所需要的资源和能力，而且能够获得控制资源的杠杆效应，起到放大企业可控制资源数量的效果，以小搏大，通过控制更多资源为股东创造更大价值。

系列并购是企业在动态环境中不断获得竞争优势、创造更大价值的利器，对于我国企业成为具有国际竞争力的大企业作用巨大。我国企业并购的历史还很短，企业并购的经验还不够丰富，进行系列并购的经验更是不足。目前关于企业系列并购的研究集中于对企业系列并购绩效的研究。本书尝试运用企业能力理论，分析企业系列并购的内在价值创造机理；对经营能力和并购能力彼此之间的相互影响、相互作用的关系进行分析；论述企业如何提高经营能力和并购能力；分析企业系列并购失败的原因。这些理论研究对于企业系列并购实践均具有借鉴意义。

1.3 概念界定及相关说明

1.3.1 并购

并购（Merger & Acquisition）是兼并和收购的简称。兼并（Merger）是指两个以上的企业通过法定程序合并为一个企业的法律行为。兼并具有两种形式：吸收兼并和新设兼并。吸收兼并是指一家企业被另一家企业兼并，被兼并企业从此消失，兼并企业成为存续企业。新设兼并是指两家或两家以上企业合并在一起，成立一家新企业，成为新的法人实体，原有的两家企业都不再继续保留其法人地位。收购（Acquisition）是指收购企业取得被收购企业的控制权，参与收购的双方企业仍具有法人地位，但被收购企业的控制权转移至收购企业，被收购企业成为收购企业的子公司，从而与母公司共同形成企业集团。收购交易反映公司控制权市场的运作，管理团队争夺企业生产性资产的控制权（Singh & Zollo, 1998）。通常理论界和实务界并不细分兼并与收购，将两者统称为并购。

本书所研究的并购是指并购方（上市公司）取得了被并购方的控制权，被并购方作为并购方的子公司纳入并购方的合并报表，形成企业集团，也就是企业会计准则定义的控股合并，严格来说就是企业的收购。由于学术界和实务界通常不会细分兼并与收购，如无特别说明，本书后面提到的并购均是指控制权发生转移的企业收购。

1.3.2 战略并购

企业能力理论认为，战略是企业开发资源从而获得持续竞争优势的手段。朱宝宪和王怡凯（2002）认为战略并购是指准备长期持有并经营收购的公司。王长征（2001）认为战略并购是以执行企业战略为目的，并且通过整合过程中企业能

力保护、转移、扩散和发展创造价值的企业并购。战略并购可以理解为确定企业
的长期目标并且有步骤地实现长期目标的一种手段，是企业出于自身发展战略的
需要而采取的并购行为。企业战略是任何并购交易的指路明灯，决定购买什么样
的目标公司应深深植根于公司目前经营的业务或计划经营的业务、各自行业的价
值驱动因素和并购企业现有的总体战略（Harding & Rovit，2004）。

1.3.3 系列并购

我国学者（如：吴超鹏等，2008；谢玲红等，2011；杨君慧，2011；于鸿鹰
等，2018；陈仕华等，2020；孙烨和侯力赫，2022）通常将企业在一段时期内进
行多起并购定义为"连续并购"（serial acquisitions 或 Serial M&A）。国内外学者
对于企业在一段时期内进行多起并购的表述及实证研究样本选取标准各不相同，
选取部分比较有代表性的文献列示，如表1-3所示。

表1-3　对多次并购的表述及实证研究样本选取标准

研究者	多次并购（或多次并购者）的表述	样本选取标准
Fuller et al.（2002）	Multiple Bidders	3年5次及以上
Rovit & Lemire（2003）	Frequent Buyers	15年20次及以上
Conn et al.（2004）	Multiple Acquirers	15年2次及以上
Laamanen & keil（2008）	Serial Acquirers	10年4次及以上
Ahern（2008）	Repeat Acquirers	25年2次及以上
Ismail（2008）	Multiple Acquirers	20年2次及以上
吴超鹏等（2008）	连续并购（Serial Acquisitions）	9年2次及以上
谢玲红等（2011）	连续并购（Serial M&A）	8年2次及以上
杨君慧（2011）	连续并购（Serial M&A）	10年3次及以上
Kengelbach et al.（2012）	Serial Acquirers	3年5次及以上
于鸿鹰等（2018）	连续并购	5年2次及以上
陈仕华（2020）	连续并购	15年2次及以上
孙烨和侯力赫（2022）	连续并购	3年2次及以上

资料来源：作者整理。

从表1-3可以看出，国内外学者对企业在一段时期内进行多起并购的表述和

实证研究样本选取标准不尽相同。对于企业在一段时期内进行多起并购，国外学者通常表述为"Multiple Acquisitions"（多次并购）、"Frequent Acquisitions"（频繁并购）、"Repeat Acquisitions"（重复并购）和"Serial Acquisitions"（系列并购），国内学者通常表述为"连续并购"。从样本的选取标准可以看出，国内外学者对企业在一段时期内进行多次并购的各种表述方式并不做严格的区分。

《当代汉语词典》解释"频繁"为：（次数）多；解释"重复"为：（相同的东西）又一次出现，又一次做（相同的事情）；解释"连续"为：一个接一个；解释"系列"为：相关联的成组成套的事物。可见"多次并购""频繁并购""重复并购"和"连续并购"都只表示企业在一段时期内并购的次数多，没有反映出企业为实现战略目标进行多次并购的预先规划和多次并购彼此之间的联系。而"系列并购"不仅表示企业在一段时期内进行并购的次数多，而且表示多次并购彼此之间具有一定的联系，正如 Schipper 和 Thompson（1983）所指出的，与只进行一次收购不同，系列收购者（Serial Acquirers）通常会在一段时期内进行多次收购（Multiple Acquisitions）以实现战略目标。本书所研究的企业在一段时期内进行的多次并购是指并购企业为实现特定的战略目标而进行的多次并购，是企业（上市公司）进行的一系列控制权发生转移的战略性收购，即企业通过一系列并购实现战略性的成长，创造更大的价值。

综合分析各种表述方式，本书将企业在一段时期内完成多次并购统一表述为"系列并购"或"多次并购"，对"多次并购""频繁并购""系列并购""连续并购"等表述方式不做严格区分。

1.3.4 经营效率（价值创造效率）

经营能力体系中的各种能力综合作用表现为企业的价值创造能力。本书将经营能力强（即价值创造能力强）定义为相对于其他企业能够创造更大价值。将经营效率高（即价值创造效率高）定义为相对于其他企业而言，付出同样的资源能够创造出更大价值，经营效率高的企业也是价值创造效率高的企业，反之亦然。

企业并购通过改变企业的经营效率和企业控制资源的数量创造价值。并购是一项高风险、高收益的投资行为，系列并购更是风险和收益成倍增加的投资活动，不是所有的企业都有能力实施系列并购战略，系列并购大多是由绩效水平良好特别是经营效率优秀的企业发起的，少数系列并购是由经营效率一般甚至是亏损的企业实施的，这类经营效率不佳的企业相对目标企业而言通常规模很大。

1.4　研究方法

本书结合战略管理学、会计学和计量经济学等相关学科的知识，综合运用理论分析和定量分析相结合的方法，具体包括文献归纳、统计分析、案例研究等方法。

（1）文献归纳法。通过大量的文献检索对前人的研究成果进行汇总分析，发现现有研究尚未涉及或未充分展开的相关内容，在此基础上得出本书的研究方向、理论及现实意义、创新点。

（2）统计分析法。运用统计分析验证理论研究部分提出的系列并购前高经营效率和经营效率不佳两类企业系列并购的价值创造特点，并对上市公司系列并购的价值创造结果进行实证分析。

（3）案例研究法。临床诊断研究法（clinical study），又称案例研究法（case study），是近年来对以大样本数为基础的企业并购绩效研究方法的拓展，日益引起研究者的关注（李青原，2007）。进行大样本并购统计分析是建立在"并购同质"的隐含假设之上的，现实中存在大量"并购异质"现象，不同并购活动的并购规则、谈判、整合都不同，运用财务数据统计分析很难对企业并购价值变化的原因进行深层次分析，难以深入理解并购现象（高良谋等，2004）。通过对文化长城的个案梳理和分析，揭示企业系列并购失败特别是跨界并购失败的原因。通过对青岛啤酒的个案梳理和分析，剖析理论分析部分提出的企业系列并购"双力驱动价值创造模型"以及系列并购的"珍珠项链效应"，从而为理论研究提供证据。

1.5　本书结构安排

第 1 章介绍本书的研究背景、研究意义、概念界定及相关说明，确定了本书的研究方法、研究内容，并提出了本书的创新点。

第 2 章首先对企业能力理论和企业并购价值理论进行回顾，这是本书的理论基础，其次对企业并购能力、企业并购价值创造的计量方法、企业并购价值创造绩效和企业系列并购价值创造效应的研究进行文献综述，从而对本书研究领域的研究现状进行梳理。

第 3 章首先分析知识、资源、能力与价值创造的关系，并对经营能力进行分析，指出企业在快速变化的外部环境中不断完善及更新经营能力的重要性。其次对并购能力的含义、子能力构成要素以及并购能力的提升路径进行阐述。在此基础上构建企业系列并购的"双力驱动价值创造模型"，阐述企业系列并购的价值创造机理，分析经营能力和并购能力的提升与演进，最后对企业系列并购失败的原因进行分析。

第 4 章首先分析企业系列并购具有将散落的珍珠串成珍珠项链的"珍珠项链效应"及其产生的原因。其次根据系列并购中单次并购之间时间间隔的特点将系列并购模式分为"连续型系列并购模式"和"间隔型系列并购模式"两大类典型，分别阐述两种并购模式的特点。并且运用"双力驱动价值创造模型"具体分析高经营效率和经营效率不佳两类典型企业系列并购的动因、各自的价值创造机理及价值创造特点。

第 5 章分别运用 ROE 和 EVA 两种价值创造计量指标对我国上市公司的系列并购价值创造效应进行实证分析，根据系列并购前经营效率的不同将样本公司分为不同经营效率层级的企业，分别对全部样本企业以及不同经营效率层级企业进行系列并购后经营效率的变化特征和价值创造数量的变动结果进行分析，实证研究结果支持第 4 章的理论分析。

第 6 章对文化长城系列并购失败的案例进行分析，通过案例的介绍和分析指出经营能力不强的企业进行系列并购特别是跨界系列并购失败的原因，并购不是万能的，并购是"双刃剑"，特别是一系列的失败并购可能会使企业万劫不复。

第7章运用企业系列并购的"双力驱动价值创造模型"对青岛啤酒进行系列并购的案例进行分析，将青岛啤酒的并购历程分为不同的阶段，分析不同阶段企业经营能力和并购能力在相互作用、相互影响过程中的演进历程以及由此产生的价值创造效应。研究结果支持第3章、第4章的理论分析。

第8章总结本书的结论和存在的不足，并提出有待进一步研究的问题。

1.6 创新点

目前关于企业系列并购的研究还非常少，已有的研究主要集中在采用事件研究法或会计研究法研究随着并购次数的增加企业系列并购绩效的变动趋势。本书的创新点主要有以下六个方面：

（1）创新性地研究企业系列并购的内在价值创造机理。并购能力和经营能力两者之间关系密切，目前鲜有关于两者之间的关系以及各自在企业并购价值创造中发挥作用的相关研究。本书运用企业能力理论和企业并购价值理论构建由并购能力和经营能力组成的"双力驱动价值创造模型"，阐述企业系列并购的价值创造机理。本书运用"双力驱动价值创造模型"系统分析了两个典型的企业系列并购案例，文化长城系列并购是经营效率不佳的企业进行跨界系列并购失败，系列并购毁损企业价值的典型案例。青岛啤酒是经营效率优异，进行系列并购创造企业价值的典型案例。本书分别对文化长城和青岛啤酒系列并购历程中经营能力和并购能力相互作用、相互影响的演进历程以及由此产生的价值创造效应进行分析。

（2）将企业管理者在实践中总结出的企业系列并购所具有的将单个散落的珍珠串成珍珠项链的"珍珠项链效应"上升至理论高度进行研究，剖析"珍珠项链效应"产生的原因。对青岛啤酒的系列并购历程进行分析的同时也印证了成功的企业系列并购具有"珍珠项链效应"。

（3）以往关于企业系列并购的研究文献并不对并购企业进行区分。本书研究了经营效率高和经营效率不佳的两类典型企业进行系列并购的动机、各自的具体价值创造机理，分别分析了经营效率高和经营效率不佳两类典型企业采用两种典型系列并购模式的价值创造特点。

（4）提出企业并购主要通过改变企业的经营效率（价值创造效率）和所控制资源的数量创造价值。ROE 和 EVA 两项指标在计量企业并购绩效的结果上具有一定的一致性，即企业并购后 ROE 增加 EVA 也会增加。但在以下两种情况下两者的结论可能会不一致：一种情况是并购前企业的 ROE 低于权益资本成本，并购后有所提高但还是低于权益资本成本，如果股东投入的资源增加了，这时企业创造的价值总量 EVA 可能不会增加，而会减少；另一种情况就是企业并购前的 ROE 很高，并购后 ROE 有所减少，但还是超过股东权益资本成本，如果并购后股东投入的资源增加了，这种情况下 EVA 可能不会减少，还会增加。运用 ROE 和 EVA 共同计量企业系列并购的价值创造效应。ROE 计量企业的经营效率（价值创造效率），EVA 计量企业的价值创造数量，全面分析企业系列并购的财务绩效。

（5）对企业系列并购财务绩效进行了更为全面的分析。以往采用会计研究法进行企业系列并购研究的文献只对系列并购中能与其他并购区分开并购绩效的单次并购绩效进行研究，即只对本书中"间隔型并购"的财务绩效进行分析。本书将企业系列并购模式分为"连续型系列并购模式"和"间隔型系列并购模式"两大类典型系列并购模式，对两类系列并购模式的特点进行分析，并分别对"系列并购期间""间隔型并购""连续型并购"的价值创造效应进行分析。

（6）目前关于并购能力的研究还处于初始阶段，对于并购能力的含义还没有达成共识，对并购能力的子能力构成要素的分类还不够全面和严密，对并购能力的提升路径还没有系统的研究。本书在前人研究的基础上对并购能力的定义进行新的阐释，对并购能力的子能力构成要素重新进行分类和阐释，并提出并购能力的提升路径。

1.7　本章小结

系列并购是企业快速获取资源和能力、获得和保持竞争优势、创造更大价值的重要途径。但目前关于企业系列并购的研究很少，国内更是少之又少，且已有研究主要集中于采用事件研究法和会计研究法研究企业系列并购的绩效。企业系列并购的价值创造机理是怎样的？怎样通过系列并购创造更大的价值？是我国企业发展中急需回答的重要问题。本章首先介绍本书的研究背景，其次提出本书的研究意义、概念界定及相关说明、研究方法、研究内容和创新点。

2 基础理论及文献综述

2.1 企业能力理论

古典经济学隐含了企业同质性的假设，而在现实世界中企业的价值创造效果存在差异。Barney（1991）认为当企业实施的一个价值创造战略没有被目前和潜在的竞争对手同时实施，那么这个企业就具有竞争优势（Competitive Advantage）。当企业实施的一个价值创造战略没有被目前和潜在的竞争对手同时实施，而且这个价值创造战略不能被其他企业复制，那么这个企业就具有持续竞争优势（Sustained Competitive Advantage）。新古典经济学的产业结构理论 SCP 范式和波特的竞争战略理论意识到了企业的表现不同，但认为企业的竞争优势主要是由企业所在行业的长期盈利能力和企业在行业中的相对地位等因素所决定的。新古典经济学认为企业所在的行业是决定企业获利能力的最重要因素。但 Rumelt（1991）的研究表明："处于同一个产业内的企业之间利润的差异大于处于不同产业的企业之间的利润差异。"而且在现实中，一些企业在整个行业普遍亏损的情况下仍然能够获得很好的利润。学者们开始认识到企业的竞争优势并不是由企业所在的行业等企业外部因素所决定的。在这种背景下，人们将探索企业竞争优势的着眼点转移到企业内部，深入企业内部寻找竞争优势产生的原因，由此产生了企业资源基础理论、核心能力理论、企业知识基础理论、动态能力理论等一系列相互关联的企业内部竞争优势理论。

这些理论认为相对于外部环境而言，企业内部的资源、核心能力、知识等内部因素是企业取得竞争优势的关键。本书将这一系列关于企业竞争优势的内生理论统一称为企业能力理论。企业能力理论也是基于能力视角的企业价值创造理论。企业能力理论打开了企业这个"黑箱"。企业能力理论认为，与企业外部条件相比，企业内部积累的资源、能力和知识是解释企业获得超额收益和企业保持竞争优势的关键。企业的内部条件对于企业占据市场竞争优势具有决定性作用。企业能力理论可以用于研究企业如何获得竞争优势以及企业如何保持竞争优势，解释企业间绩效差异以及企业间绩效差异持续存在的原因。企业能力理论的各个分支是一个统一的整体，都强调企业内因是企业获得竞争优势的关键，但也都意识到了外部环境对于企业获得竞争优势的重要性。

2.1.1 资源基础理论

资源基础理论认为企业是一个资源的集合体，企业竞争优势主要来源于资源的差异而不是产业的差异。Penrose（1959）的经典著作《企业成长理论》从企业内部研究企业成长出发，指出企业既是一个管理性组织，也是生产资源的集合。企业总的目标就是将自有的资源与从外部取得的资源组织起来进行生产、销售产品和提供服务以获得利润。Wernerfelt（1984）认为资源是可以用来考查企业所具有的优点和不足的任何东西，并对企业资源进行分类举例，如：品牌名称、企业内部的技术知识、熟练的人力资源、经贸往来、机器设备、高效的程序（Procedures）、资本等。Wernerfelt（1984）认为考察一个企业，考察它的资源比考察它的产品更有效，并指出具有资源位势壁垒（Resource Position Barriers）的企业具有获得高回报的潜力。Barney（1991）分析了企业资源和企业持续竞争优势之间的关系，认为企业控制的战略资源具有异质性，这些战略资源在企业之间不能完美流动（Perfectly Mobile），拥有有价值、稀缺、不能完全模仿和不可替代四种特点，同时具备的资源是企业获取竞争优势的关键，企业资源特性与企业持续竞争优势之间的关系如图2-1所示。Barney（1991）认为企业的资源无法完全模仿是由于：①企业获得资源的能力依赖于独特的历史条件。②企业拥有的资源和企业持续竞争优势之间存在因果模糊性。③创造企业竞争优势的资源是社会复杂（Socially Complex）的。企业的竞争优势源于独特的资源构成，企业可以通过比竞争对手更加有效地识别和获取资源来创造更大价值。

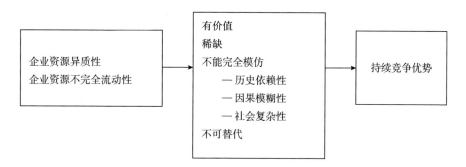

图 2-1　企业资源特性与企业持续竞争优势之间的关系

资料来源：Barney（1991）。

2.1.2　核心能力理论

1990 年，Prahalad 和 Hamel 在《哈佛商业评论》上发表 *The Core Competence of the Corporation* 一文，认为核心能力是组织中的集体（Collective）知识，更是如何协调不同的生产技能和整合大量技术的能力。企业可以应用核心能力生产和开发多种产品和业务。从短期来看，企业的竞争优势来自企业产品的性价比特点；从长期来看，竞争优势来自能够以比竞争对手更低的价格和更快的速度建立可以应用于一些意想不到的产品的核心能力。核心能力是企业竞争优势的源泉，能够为企业带来源源不断的收益。Prahalad & Hamel（1990）指出识别企业核心能力至少有三个标准：首先，核心能力能够为企业通向广阔并且多样化的市场提供一个潜在的机会。其次，核心能力可以为能够给客户带来重要价值的最终产品做出巨大贡献。最后，核心能力很难被竞争者模仿。

杨青峰和任锦鸾（2020）在采用扎根理论对 223 篇企业领袖的公开谈话进行系统分析的基础上，提出在外部环境变化越来越频繁、竞争优势周期也越来越短的智能工业时代，企业核心能力由知识资本驱动下的技术和产品创新能力、基于产业生态的智慧生产能力、连接与获取终身用户能力、内外部环境创新能力 4 项能力构成。

企业的核心能力是企业独特（Distinctive）的某一种能力或某几种能力的组合，这些能力作用于企业资源，能够产生独特的资源配置，使企业在某一方面或几方面超出竞争对手，从而为企业创造出比竞争对手更多价值的能力。企业的核心能力是企业能力体系中最重要的那一部分能力，但必须与企业能力系统中的其他能力协调运作才能发挥作用，具有核心能力的企业才有可能比竞争对手创造出更大的价值。

核心能力理论强调企业要想获得竞争优势必须有自身的核心能力，企业的核心能力可以惠及企业的多种产品和业务，核心能力是企业竞争优势的源泉。

2.1.3　知识基础理论

知识基础理论起源于企业资源基础理论，知识基础理论将知识作为企业最重要的战略资源。表 2-1 是学者关于知识定义的观点。

表 2-1　知识的定义

学者	观点
Wig（1997）	知识包括一些事实、信念、观点、观念、判断、期望、方法论与实用知识等，强调知识在心智模式内的组成元素
Spek & Spijkervet（1997）	知识包括一切人类认为是正确且真实的洞察力、经验和程序等，它可以用来指导人类的思考、行为与沟通
Beckman（1999）	知识是人类对数据及信息的一种逻辑推理，它可以提升人类的工作、决策、问题解决及学习的绩效
Davenport（1998）	知识是一种包含了结构化的经验、价值观、关联信息以及专家见解等要素的动态混合物。知识不仅存在于文档数据库中，而且嵌入组织的日常工作、过程、实践和规范中

资料来源：杨波（2014）。

Penrose（1959）认为企业成长的实质是以集体知识的积累成长为基础的演化过程。她认为客观知识和经验知识的获取途径不一样，客观知识可以通过传授获得，可以向其他人学习获得，也可以通过文字获得，而经验知识是通过个人积累经验的方式学习的结果。Grant（1996）认为所有的人类生产力都是以知识为基础的，知识是企业生产经营中关键的投入和企业价值的主要来源，企业是一个整合其员工知识的机构，可以整合不能通过市场有效整合的企业员工拥有的专门知识。Spender（1996）认为组织本质上是关于组织环境、资源、因果机制、目标、态度、政策等的知识体系，企业独特的知识构成了企业长期竞争优势的源泉。

知识基础理论强调企业知识对于企业获取竞争优势的重要性，并将企业知识分为显性知识（Explicit Knowledge）和隐性知识（Tacit Knowledge）两大类。显性知识和隐性知识对比如表2-2所示。

表 2-2 显性知识和隐性知识对比

显性知识	隐性知识
易编码的、格式化的	未编码、非格式化的
理论的、不一定获取于实践的	实践的、并具有路径依赖性
以文字、语言、图表等形式表现	以灵感、经验、诀窍等形式表现
非垄断的	垄断的
易于交流、共享和传播	不易共享和传播、高度个人化

资料来源：汪慧玲、韩珠珠（2009）。

显性知识可以通过交流被揭示，便于交流是显性知识最基本的特征；而隐性知识是无法通过交流直接获得的，是只能通过运用才能展现出来的知识（Grant，1996）。可见，显性知识是容易被学习和转移的知识，隐性知识则是高度个体化、难以编码，难以学习和模仿的知识。Spender（1996）认为在所有的知识中，集体的隐性知识是最具战略意义的知识。企业战略决策依赖于前期积累的知识（陈仕华和王雅茹，2022）。

2.1.4 动态能力理论

Teece 等（1997）认为，当时的战略理论主要研究企业如何维持已有的竞争优势，很少关注为什么一些企业在快速变化的环境中能够建立竞争力以及这些企业如何建立的竞争力，他们认为动态能力是企业整合、构建和重新分布企业内部和外部的能力来应对快速变化的环境的能力，应用动态能力理论可以分析企业财富的来源和财富的获得。

Zollo 和 Winter（2002）认为 Teece 等（1997）给出的动态能力的定义要求是在"快速变化的外部环境中"，但是在缓慢变化的环境中企业也会整合、构建和重新配置它们的能力。他们给出的动态能力的定义为：动态能力是一种学习的（learned）而且稳定的集体活动模式，通过这种模式，组织系统生成和修改它的经营例程以追求提高效益。它们提出的动态能力的概念强调"学习的而且稳定的模式"和"系统性",如果一个组织以一种创造性但是脱节的方式来应对一系列危机,那么就不是在运用动态能力。他们认为动态能力通过三种机制的共同进化而发展:过去经验的隐性积累、知识衔接和知识的编纂过程。

罗珉和刘永俊(2009)运用模糊聚类分析法对 10 年间动态能力理论的研究成果进行理论分维,形成动态能力的四个维度:市场导向的感知能力、组织学习的吸收能力、社会网络的关系能力和沟通协调的整合能力,如图 2-2 所示,并对这四个维度进行具体分析。

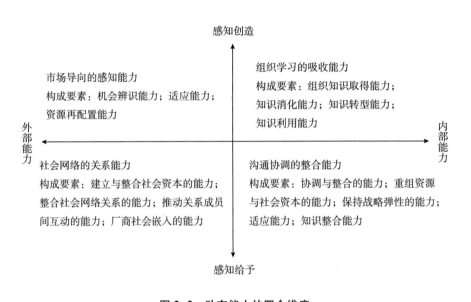

图 2-2 动态能力的四个维度

资料来源:罗珉、刘永俊(2009)。

Girod 和 Whittington(2017)认为组织结构调整(Restructuring)和战略重组(Reconfiguration)是动态能力的两种表现形式。市场和竞争环境变化越快,企业就越有可能依靠不断变化的能力来重新获得竞争优势(Drnevich and Kriauciunas,2011)。动态能力能持续影响长期竞争优势,推动组织实现长期适应性(Fainshmidt et al.,2019)。

2.1.5　企业能力理论述评

企业资源基础理论的不足首先是没有对企业资源和企业能力进行区分，将企业资源和企业能力都视为企业资源，企业资源的范围过于宽泛。而且，企业资源基础理论关注企业单项资源，把企业资源割裂开来分析，没有考虑具有相同资源的企业由于资源组合不同，可以产生不同的能力。企业可能虽然并不拥有独特的资源，但可以通过资源的有效配置和组合产生出独特的能力，也能够获得竞争优势。例如：苹果公司并不具有独特的资源，但拥有将各种资源组合在一起生产出独特的产品的能力。

传统的企业能力理论关注企业竞争优势的静态分析，动态能力理论则关注在外部环境变化的动态情况下，企业如何持续获得竞争优势。动态能力理论强调外部环境的重要性，强调企业要根据环境的变化不断调整和更新自身的能力。动态能力是企业获得和保持竞争优势的源泉，是企业预测外部环境的发展趋势或根据外部环境的变化有意识地不断更新和调整自身能力的能力。

企业能力理论认为企业内部的知识、资源和能力是企业获得竞争优势的最重要因素，但并不否认企业所处的外部环境包括所处的行业对于企业获得和保持竞争优势的重要性。企业所拥有资源和能力如何与所处环境动态匹配是战略管理领域研究的核心问题（焦豪等，2021）。

2.2　企业并购价值理论

2.2.1　企业并购价值毁损理论

（1）自大理论。Roll（1986）提出管理者自大理论。自大理论认为，管理者总是过分乐观地高估自己的并购能力，高估并购产生的协同效应，在评估目标公司未来产生的收益时过分乐观，低估并购融资及整合等风险，在并购收益很低甚至为负时仍然做出并购决策。

（2）代理理论。Jensen（1986）指出，当管理者只拥有企业一部分股权时，管理者作为股东的代理人和股东之间就会存在利益冲突，产生代理问题。企业管理者具有扩张企业超出企业合理规模的动机，因为通常企业的规模越大，代理人的报酬越多，所以当企业存在较多的自由现金流时，管理者倾向于从事回报较低的并购活动，不愿意向股东支付现金股利。

2.2.2　企业并购价值转移理论

（1）价值低估理论。价值低估理论认为当并购企业发现市场价值低于真实价值的企业，尤其是市场价值低于重置成本的企业时，就会实施并购从中获取价值。詹姆斯·托宾以 Q 值（称为托宾 Q）反映企业并购发生的可能性，托宾 Q 值的计算如下：

$$Q = \frac{公司股票的市场价值}{公司资产的重置成本} \qquad\qquad 公式（2-1）$$

当托宾 Q 值比 1 小得多时，企业被并购的可能性就很大。

（2）价值高估理论。价值高估理论认为，当并购企业发现由于变化的市场情绪（Market Sentiment）或企业最近（是临时的）一些好的表现引起自身股票价格升高，企业的股价暂时处于好的位势时，企业就很可能用企业股票作为支付方式进行并购。

2.2.3　企业并购价值创造理论

（1）协同效应理论。Ansoff（1965）最先在其著作《公司战略》中提出协同效应概念。协同效应理论是指由于并购双方资源、能力等方面的共享和互补，获得协同效应，从而创造价值，即并购后并购企业和目标企业形成的整体创造的价值大于并购前并购企业和目标企业各自创造的价值之和，即所谓"1+1>2"的效应。协同效应是指由于并购增加了合并企业的竞争优势，从而产生的现金流超过两个企业独立经营产生的现金流之和（Seth，1990）。企业在并购过程中产生的协同效应包括经营协同效应、管理协同效应和财务协同效应。这些协同效应的存在有利于企业效率的改进，企业并购从总体上是一个帕累托改进过程。

经营协同效应（Operational Synergy）：经营协同效应是指通过企业并购，并购双方的资源得到更有效的利用。企业合并后可以消除一些重复性成本，如：共用销售渠道和销售人员，共用研发中心，产生规模经济和范围经济。通过并购可以提高经营活动的效率，获得资源利用的协同效应。

管理协同效应（Managerial Synergy）：管理协同效应是指通过并购，收购方将优秀的管理技能注入目标公司，使总效率得以提升（张秋生，2010）。当收购企业的管理比目标企业的管理更有效率，管理能力强的并购企业通过并购管理能力相对较弱的目标企业，向目标企业输出管理能力，对目标企业的资源重新进行配置，从而创造更大价值。

财务协同效应（Financial Synergy）：财务协同效应认为单个企业的现金流会有波动，如果两个企业的现金流不是完全正相关的，它们之间合并可以降低现金流的波动性，降低企业风险。另外，由于企业的亏损可以在若干年内从应纳税所得额中扣除，一个盈利企业并购一个亏损企业，会带来合法地少缴纳所得税的好处。

（2）交易成本理论。交易成本理论（Transaction Cost Theory）是由著名经济学家 Coase（1937）首次提出。Coase 认为，市场和企业是两种可以相互替代的资源配置机制。由市场在企业之间配置资源的交易方式存在很大的不确定性，搜寻、谈判等成本也高。企业并购能够使部分生产经营活动在企业内部完成。企业内部的行政命令比市场运作成本低，通过企业代替市场配置资源可以节约市场交易成本。

（3）市场势力理论。企业市场势力（Market Power）是产业组织理论的重要研究对象，也是现代垄断规制衡量一个企业垄断程度的一个重要指标。企业市场势力可以进一步分为企业在产品市场的势力和企业在不完全竞争要素市场的买方垄断势力（韩清和胡琨，2024）。市场势力理论（Market Power Theory）认为，通过并购竞争对手可以降低行业内的竞争，从而保持较高利润率，同时规模的扩大可以增强并购企业与供应商和客户的讨价还价能力，并购企业可以通过并购同行业的目标企业形成市场势力，控制或影响市场价格获得更多价值。

蒋冠宏（2021）将 2003~2007 年汤姆森路透并购数据（SDC Platinum）与中国工业企业数据库合并，利用倾向得分加权估计方法，考察了企业并购对市场势力的影响。研究发现：企业并购通过规模经济和范围经济效应、市场营销资源的协同、研发和创新协同以及管理协同等传导机制提升了企业市场势力。中国的企业并购显著地提升了并购企业的市场势力，与产业链上游的并购相比，企业在产业链下游的并购对市场势力的提升作用更强。

2.2.4　企业并购价值理论述评

Haspeslagh & Jemison（1991）认为并购增加股东财富有两种可能性，一种可能是价值捕获（value capture），下文也称价值转移效应。价值转移效应是指通过并购可能产生的从目标公司的股东或其他利益相关者向并购企业股东的价值转移。价值转移是个一次性事件，主要与并购交易本身有关。另外一种可能是价值创造（value creation），企业并购通过业务的合并产生成本降低、收入增加或者其他改进的竞争位势为股东创造价值。可见，企业进行并购可能获得两部分价值，一部分是在并购交易结束时已经得到的从目标企业转移至并购企业的价值，另一部分是通过并购后整合创造的价值。企业并购具有价值转移效应和价值创造效应。

各种企业并购价值理论都从不同的角度解释了企业并购产生的价值效应的成因，由于并购本身的高度综合性和复杂性。企业并购通常不是由一种原因驱动，企业并购产生的价值效应往往是多种理论共同作用的结果。

2.3　企业并购能力研究现状

目前关于企业并购能力的相关研究还比较少（Trichterborn et al.，2016）。相对于国外学者，我国学者对企业并购能力进行了较多的研究，对并购能力的定义、构成要素和计量进行了比较系统的初步研究。

2.3.1　并购能力的定义

张秋生（2005）最先提出并购能力的概念，他认为企业并购能力是指具有并购动机的收购方实施并购的能力，是企业并购基础理论的一部分。张秋生（2010）在其专著《并购学：一个基本理论框架》中提出并购能力是企业利用自身剩余资源完成并购活动的实力。陶瑞（2014）认为企业的并购能力是在动态变化的外部环境下，企业出于自身的战略目的，在自有资源不断积累的基础上，寻找目标载体，有效转移自身剩余资源，借助相应的管理机制实现并购双方资源的整合，达到有机协同的一组例程或惯例。葛伟杰（2015b）指出并购能力是一个以剩余财务资源、剩余实物资源、剩余人力资源为基础，通过并购交易能力和并购整合能力的惯例和流程实现对资源的配置及整合，以保持竞争优势的自组织能力系统。

2.3.2 并购能力的构成要素

Haspeslagh 和 Jemison（1991）认为并购能力包括组织技能和管理整合程序的能力，例如识别合适的并购目标的能力，与目标公司进行谈判的能力和管理整合程序的能力。Laamanen & keil（2008）认为并购能力包含知识、技能、系统（Systems）、结构（Structures）和企业从事并购的流程（Processes）。

张秋生（2010）认为，企业并购能力的构成要素包括资源和能力两个方面，资源是前提条件，能力作用于资源，从而形成企业的并购能力。他提出的企业并购能力结构如图 2-3 所示。

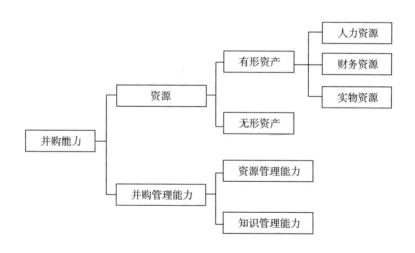

图 2-3　并购能力结构

资料来源：张秋生（2010）。

田飞（2010）建立了资源一阶、并购运作能力二阶、并购管理能力三阶的并购能力层级结构。并指出"并购运作能力"是指企业稳定地执行并购运作过程的惯例，是企业短期并购竞争优势的来源。而"并购管理能力"是影响并购绩效的关键因素，并将并购管理能力定义为：企业为获取、传播、共享及利用相关并购知识而建立的组织学习机制，并指出并购管理能力是影响企业并购绩效的关键因素，是企业长期并购竞争优势的来源。

刘莹（2011）认为，影响企业并购价值创造效果的能力主要包括：并购企业的信息收集与处理能力、并购支付能力、并购资源识别能力、并购资源整合能力。这几种能力的综合作用表现为企业的并购能力。她提出并购能力的构成及作用如图2-4所示。

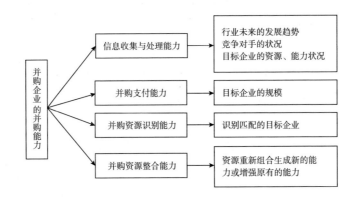

图2-4　并购能力的构成及作用

资料来源：刘莹（2011）。

陶瑞（2014）提出并购能力主要由四个方面能力构成，即：支付能力、信息能力、组织能力以及整合管理能力。宋力和周静（2020）以陶瑞（2014）构建的并购能力评价指标体系为理论依据和支撑，采用主成分分析法构建并购能力综合得分模型测度并购能力。

葛伟杰（2015b）将并购能力可以分为并购交易能力和并购整合能力。并购交易能力又细分为：①目标识别能力；②目标估值能力；③并购融资能力；④交易谈判能力。并购整合能力细分为：①实物资源整合能力；②人力资源整合能力；③文化资源整合能力；④组织机制整合能力。

并购能力构成要素归纳如表2-3所示。

表 2-3 并购能力构成要素

学者（年份）	并购能力的构成
Haspeslagh & Jemison（1991）	并购能力包括组织技能和管理整合程序的能力
Laamanen & keil （2008）	并购能力包含知识、技能、系统、结构和企业从事并购的流程
张秋生 （2010）	企业并购能力的构成要素包括资源和并购管理能力两个方面。资源包括有形资源（人力资源、财务资源、实物资源）和无形资源。并购管理能力包括资源管理能力和知识管理能力
田飞 （2010）	建立了资源一阶、并购运作能力二阶、并购管理能力三阶的并购能力层级结构
刘莹 （2011）	并购能力包括并购企业的信息收集与处理能力、并购支付能力、并购资源识别能力、并购资源整合能力
陶瑞 （2014）	并购能力主要由四个方面构成，即支付能力、信息能力、组织能力以及整合管理能力
葛伟杰 （2015b）	将并购能力可以分为并购交易能力和并购整合能力。并购交易能力又细分为：①目标识别能力；②目标估值能力；③并购融资能力；④交易谈判能力。并购整合能力细分为：①实物资源整合能力；②人力资源整合能力；③文化资源整合能力；④组织机制整合能力

2.3.3　并购能力的计量

陈轲（2009）和陶瑞（2014）提出通过建立并购能力衡量指标体系的方法，对企业并购能力进行衡量。陈轲（2009）提出从外部环境、内部资源、管理并购能力三方面建立企业并购能力评价指标体系以及运用多层次模糊综合评价方法进行计量的思路，但并没有给出具体的评价指标，也没有对具体的企业进行并购能力的计量。陶瑞（2014）构建了包含支付能力、信息能力、组织能力以及整合管理能力的一级指标，细分为 17 个二级指标 38 个三级指标的并购能力评价指标体系。由于 38 个三级评价指标中大部分评价指标均难于客观量化，所以提出采用专家打分法，运用模糊积分法对并购能力进行评价。并以某个钢铁联合企业为例进行具体计量，但并没有指出具体的企业名称。宋迎春（2012）在其博士论文《并购能力与并购绩效问题研究》中以并购首次公告日当天和第二天作为窗口期的超额累计收益率（CAR）作为并购能力的代理变量，统计得出企业并购的次数越多，企业的并购能力越强的结论，也就是随着并购次数的增加，并购的市场绩效也越来越好。葛伟杰等（2015a）采用数据包络分析法（DEA），分别采用资本、成本、费用及无形资产衡量企业的投入要素，以固定资产净额、营业成本、销售和管理费用以及无形资产作为输入变量，以营业收入作为输出变量，分行业对企业的并购能力进行计量。葛伟杰（2015b）在其博士论文《企业并购能力测度研究》中指出，并购能力实际上是剩余资源到并购绩效的相对转化效率（相对于同行业），采用剩余财务资源、剩余实物资源、剩余人力资源为输入变量，以并购前后营业收入的变化量和净利润的变化量作为输出变量，采用随机前沿分析（SFA）作为效率转换的测度方法，分行业对企业的并购能力进行测度。王宛秋等（2023）认为并购经验（并购次数）是并购能力的重要表现，在并购研究中采用并购次数作为企业并购能力的代理变量。

2.3.4 企业并购能力研究述评

张秋生（2010）、陶瑞（2014）和葛伟杰（2015b）给出的并购能力定义均提到剩余资源。张秋生（2010）认为并购能力是企业运用剩余资源完成并购的实力。其实许多企业并购不是全部利用剩余资源完成的，尤其是并购所需要的财务资源，大多数企业进行并购需要支付的大部分现金对价都是从企业外部筹集的。陶瑞（2014）提出的并购能力的定义侧重于利用并购能力可以有效转移剩余资源。实际上，有些企业并购的目的是转移剩余资源，有些企业并购是为了获取目标企业的资源或能力。葛伟杰（2015b）提出并购能力是以企业的剩余资源为基础的，是企业保持竞争优势的自组织能力系统。有些经营状况不佳的企业也会进行并购，这时进行并购的目的不是保持竞争优势，而是获取竞争优势。

Laamanen 和 keil（2008）、张秋生（2010）和田飞（2010）将资源或知识也作为并购能力的构成要素，但对并购能力的能力要素分类有些笼统。刘莹（2011）和陶瑞（2014）对并购能力构成要素的分类均缺少并购价值评估能力要素，葛伟杰（2015b）提出了目标估值能力要素，但关于企业并购的估值不仅包括对目标企业的价值评估，还包括对并购后产生的协同效应的价值的评估。可见，关于并购能力的构成要素还有待进一步提炼，从而达成普遍共识。

并购能力具有高度综合性和复杂性，目前关于并购能力的计量研究还非常少，还没有普遍获得认同的计量企业并购能力的评价指标以及评价方法。通过建立并购能力评价指标体系计量并购能力存在的困难在于，很难建立合理的评价指标体系，并且建立的具体评价指标大都具有很强的主观性，难以客观量化。采用股票市场的超额累计收益率计量并购能力就是采用企业并购的市场绩效计量企业的并购能力，这种以并购绩效作为并购能力的代理变量的计量方法比较简单，容易操作。但是一方面我国股票市场的有效性还不强，这种方法应用于单个企业或样本量比较少的实证研究可能得不出正确的结果。另一方面，在样本量足够大的前提下，以并购的市场绩效作为并购能力的代理变量是否合适还有待未来的进一步研究检验。不论是采用数据包络分析法还是采用随机前沿分析法分析投入产出效率计量并购能力，如何合理选择和计量投入变量都是比较困难的。可见，虽然我国学者对并购能力的量化进行了有益的尝试，但如何合理计量并购能力仍是个难题。

总之，相对于国外学者，国内学者对并购能力进行了较多的研究，但目前关于并购能力的研究还处于初始阶段，关于并购能力的含义、构成要素以及如何量化并购能力均没有达成共识，均有待进一步完善。

2.4　企业并购价值创造的计量方法

国内外对企业并购价值创造计量的方法或指标很多（周小春和李善民，2008）。关于企业并购价值创造的计量方法主要有事件研究法和会计研究法两大类。

（1）事件研究法是通过研究并购事件公告前后一段时间内股票价格的变化来衡量并购对企业价值的影响，采用的绩效衡量指标是超额收益率（AR，Abnormal Return）和累计超额收益率（CAR，Cumulative Abnormal Return）。事件研究法的前提条件是资本市场有效，并购事件的影响会立即反映在股票价格中，适用于成熟的资本市场。中国股市存在严重的信息不对称（朱顺伟等，2023）。吴世农（1996）质疑中国股市已达弱式有效这个结论提出，认为我国股价容易受人为因素操纵。解保华等（2002）实证研究发现中国证券市场弱式有效的结论不成立。姜付秀等（2009）认为对我国企业而言，由于资本市场的不完善，公司股票价格难以反映公司的基本面。一些学者（如：张兵和李晓明，2003；胡金焱和郭峰，2013；李燕等，2022）认为中国股市已达弱式有效。

（2）会计研究法是从财务角度研究企业并购的价值效应，采用单一财务指标或者将若干财务指标通过统计分析方法压缩成一个综合指标，通过并购前后指标的变化计量企业并购的价值创造结果。国内外相关研究文献往往将企业创造的价值与计量企业盈利能力的指标联系在一起（崔学刚，2008）。陈晓等（1999）实证研究发现，我国上市公司会计报表披露的盈利数字具有很强的信息含量。会计研究法采用的价值衡量指标往往是反映企业盈利能力的指标。计量企业并购价值创造结果的财务指标主要有每股收益（EPS）、资产收益率（ROA）、净资产收益率（ROE）、托宾Q值和经济增加值（EVA）等（周小春和李善民，2008）。会计研究法的不足是财务数据可能受到企业并购以外的其他因素影响。

目前，国外学者较多采用事件研究法进行企业并购价值创造计量研究，由于我国学者对于我国股票市场的有效性还没有达成共识，少部分学者采用事件研究法进行企业并购价值创造的计量研究，大多数学者使用会计研究法进行企业并购价值创造计量研究。

2.5　企业并购价值创造实证研究

2.5.1　事件研究法实证研究

Jensen 和 Ruback（1983）在对 13 篇并购研究文献进行分析后得出结论：成功的企业兼并（mergers）收购方获得的收益为零，目标公司股东的累计超额收益为 20%。成功的要约收购（Tender Offers）使收购企业获得 4%的累计超额收益，目标公司股东获得约 30%的累计超额收益。失败的企业兼并收购方获得的累计超额收益为-5%，目标公司股东的累计超额收益为-3%。失败的要约收购使收购企业获得-1%的累计超额收益，目标公司股东获得约-3%的累计超额收益。

Bruner（2002）对 1973~2001 年发表的运用事件研究法的并购经典文献进行分析，分别总结目标企业、并购企业和目标企业与并购企业组成的企业组合的累计超额收益。对 21 篇经典文献分析发现，并购使得目标公司股东均获得了显著的收益。对 44 篇经典文献进行分析发现，20 篇文献中收购公司股东累计超额收益为负，其中 13 篇文献的累计超额收益显著为负。24 篇经典文献中收购公司股东获得累计超额收益，其中 17 篇文献的累计超额收益显著为正。对 20 篇并购实证研究文献进行分析发现，18 篇研究文献的组合收益为正，其中 11 篇研究文献的累计组合收益显著为正，1 篇累计组合收益为 0，仅有 1 篇研究文献的累计组合收益为负而且不显著。

陈信元和张田余（1999）研究 1997 年上海证券交易所上市公司的并购活动后发现，股权转让、资产剥离、资产置换三类重组企业累计超额收益（CAR）在并购公告日前有上升趋势，但并不显著，并购公告日当天显著大于零，但公告日后呈下跌趋势，大部分时间的累计超额收益（CAR）与零没有显著区别。另外，他们发现市场对兼并收购类公告没有显著反应。

李善民和陈玉罡（2002）研究 1999~2000 年上市公司并购事件，发现收购公司的股东财富获得增加，目标公司的股东财富没有增加。通过进一步分类研究发现，进行股权类收购的上市公司能够获得显著的 CAR，而目标公司的 CAR 几乎不变。进行资产类收购的上市公司股东财富几乎没有变化。

张新（2003）对 1993~2002 年进行并购的中国 A 股上市公司的并购进行研究发现，上市公司作为目标公司在股权收购和资产重组中能够获得收益，同时，他对 22 例上市公司吸收合并非上市公司样本进行研究，发现上市公司的收益为负，但统计上不显著。

陈念东（2012）选取 2008 年沪深上市公司的 175 个并购事件，分别研究并购窗口期为公告日前 10 天至后 10 天和窗口期为并购公告日前 10 天至后 15 天的股价效应，研究结果表明，并购企业获得的累计超额收益显著为负。

曾敏（2022）研究 2005~2020 年并购公告前后 2 天的股价市场反应发现，在全样本上，在所有年度市场都对并购交易给予积极的回应，公司的并购公告一经发布，股价往往会获得程度不一的拉升。

2.5.2 会计研究法实证研究

Meeks（1977）对 1964~1971 年英国的 233 起并购事件进行研究后发现，收购企业的资产收益率（ROA）呈下降趋势，在第五年达到最低。

Healy et al.（1992）对 1979~1984 年美国工业企业发生的 50 起最大并购交

易进行研究后发现，企业并购后资产收益率显著增加。

檀向球（1998）对上海证券交易所 1997 年发生的 198 个重组案例进行研究，建立了包括主业利润率、净资产收益率、资产负债率、主业鲜明率等 9 个指标的绩效评价体系，结论是进行兼并扩张的上市公司绩效有所下降，发生股权转让的上市公司绩效有所改善。

冯根福和吴林江（2001）选取主营业务收入/总资产、净利润/总资产、每股收益、净资产收益率 4 个财务指标，采用因子分析法研究 1995~1998 年上市公司作为并购企业发生的 201 起并购事件，研究区间为并购当年以及并购前 1 年和并购后 3 年，发现并购当年并购公司业绩变化不大，第 2 年业绩有所提升，然后呈逐年下降趋势。他们认为这表明从整体上看上市公司并购整合不成功。

张新（2003）分别采用每股收益、净资产收益率和主业利润率三个财务指标对 1993~2002 年进行并购的中国 A 股上市公司并购价值创造效果进行度量，通过对并购当年以及并购前后各 3 年进行研究发现，股权收购和资产重组的目标公司上述三个指标在并购当年和并购后第一年有较大的改善，但并购第二、第三年改善不大。进行吸收合并的上市公司并购后净资产收益率和主业利润率都呈现下降趋势。

李善民等（2004a）采用经营现金流量和总资产收益率衡量企业并购绩效，分析 1999~2001 年作为主并企业进行并购的 A 股上市公司的并购绩效，研究区间为并购前 2 年至并购后 3 年共 6 年，研究发现收购公司当年绩效提高较大，之后年度绩效的下降抵消了之前绩效的提高，甚至绩效会更差。

张方方（2007）对 2002 年进行并购的 44 家上市公司采用经济附加值（EVA）进行分析，发现并购当年 EVA 值高于并购前 1 年的有 17 家，低于并购前 1 年的为 27 家，并购后 1 年 EVA 值高于并购当年的有 21 家，低于并购当年的有 23 家，有 12 家企业 EVA 持续上升，有 17 家企业 EVA 持续下降。张方方（2007）认为并购对企业价值创造能力有负面影响。

肖翔和王娟（2009）采用经济增加值（EVA）研究 2002 年进行并购的 40 家上市公司，研究区间为并购当年以及并购前 1 年和并购后 4 年共 6 年，研究发现，并购当年 75% 并购企业的绩效显著提升，并购后的第 1 年或第 2 年很多公司绩效开始呈现下降的趋势，并购后第 4 年（2006 年）公司业绩发生了非常大的反弹，公司开始向良性方向发展，并购活动从整体上改善了企业的经营能力。

陆桂贤（2012）采用经济增加值（EVA）对 2005 年进行并购的 37 家上市公司进行研究，发现进行并购的上市公司无论是并购前还是并购后 EVA 值大部分都小于零。并购当年近 2/3 并购公司 EVA 与前 1 年相比有所提升，并购后第 1 年和第 2 年，绝大多数并购公司的 EVA 有所下降，在并购后第 3 年，近 3/5 并购公司的 EVA 继续下降，并购第 4 年，近 1/2 的并购企业 EVA 比前 1 年有所下降。

张翼等（2015）选取包括合理避税指标在内的 16 个财务指标，采用因子分析法研究 2003~2008 年我国上市公司发生的并购事件，研究发现，在并购事件发生 1~2 年内多数收购企业实际业绩与预测业绩差值呈较为平缓或上升趋势，但从长期来看，绝大多数收购企业的长期经营绩效呈明显的下降趋势。

曾敏（2022）研究发现，无论哪种类型的并购，在并购实施当年，公司的 ROE 水平均有 1%~6% 的明显增长，其中"业务转型"类并购重组对会计业绩的提升作用最大。然而，在并购重组完成后，公司盈利能力的可持续性不足，除"业务转型"和"整体上市"类重组外，"横向整合""垂直整合""多元化战略"类的公司整体出现 ROE 水平逐年下滑的情况，尤其是"多元化战略"类公司的 ROE 水平在并购重组后的第 3 年甚至下滑至负数。

2.5.3 企业并购价值创造实证研究述评

由于研究方法不同，研究期间不同，研究样本选取标准不同，并购绩效的评价指标不同，不论是采用事件研究法还是采用会计研究法，对于并购是否增加企业价值都没有得出一致的结论。国内外实证研究结果大多表明并购增加了目标企业的价值，但通过并购增加价值的并购企业很少，许多企业由于并购毁损了自身的价值。

这些大样本的统计分析实际上是在统计通过并购增加价值的企业多一些，还是少一些。既然并购被公认为是一种投资方式，就应该为企业创造价值，同时由于并购所具有的高度复杂性决定了这种投资方式具有高风险高收益的特征。

另外需要指出的是，目前关于企业并购价值创造效应研究的评价指标大多选用各种效率指标如总资产收益率、净资产收益率等，效率指标能够反映企业经营效率（价值创造效率）的变化，不反映企业创造价值总额的变动情况。少量研究则采用 EVA 等反映价值创造总额的指标。

2.6 企业系列并购价值创造研究

目前，国内外关于企业系列并购的研究还很少，我国关于企业系列并购的相关研究更是少之又少。国内外已有的研究主要集中于采用事件研究法或会计研究法研究随着并购次数的增加，企业并购价值效应的变化趋势。国外学者普遍采用事件研究法进行相关研究，我国学者较多采用会计研究法或者同时运用会计研究法和事件研究法进行相关研究。目前还没有关于企业系列并购价值效应成因的专门理论研究，已有的相关理论假说散现在企业系列并购价值效应实证研究文献中。

2.6.1 企业系列并购价值创造相关理论假说

关于企业系列并购价值效应成因的理论假说主要有并购计划宣告假说、管理者过度自信假说、组织学习理论、委托代理理论、消化不良假说和递减的机会集假说，这些理论假说零星散现在企业系列并购价值创造实证研究的相关文献中。

（1）并购计划宣告假说。并购计划宣告假说认为，在有效的资本市场中当企业宣布一揽子并购计划时，股票市场就对企业的整个并购计划做出反应，之后当企业宣布实施并购计划中的某次并购时，股票市场就几乎没有反应了。可见，并购计划宣告假说是针对对外宣布将进行一系列并购的并购计划的企业而言的。

（2）管理者过度自信假说。管理者过度自信假说从管理者自负（hubris）的视角研究企业多次并购绩效的成因，认为管理层可能出于自负而发起并购，高估企业并购的收益，低估企业并购的风险。这种认知的偏差激励他们赌自己的判断和从事如多次并购之类的复杂任务。企业管理者不能从历次并购中学习成功的经验或者失败的教训。把某次并购成功归功于自己，由于前一次并购的成功导致下一次并购过度自信，对下一次并购不够谨慎小心，如：对选择目标企业不谨慎，支付给目标企业更高的价格，为支付随后的并购采用更高的财务杠杆。若某次并购失败，则管理者将其归咎于外部因素。这促使决策层产生自大心理。随着并购次数的增加，管理者过度自信程度将会不断增加，最终导致越来越差的并购绩效。

（3）组织学习理论。组织能够学习过去的经验和教训指导未来的行动（Levitt & March，1988）。根据组织学习理论，企业的决策层能够从前次并购中学习经验和教训，提高后续并购的成功率，从而多次并购能够给企业各个方面带来积极的影响。有经验的并购者相对于没有经验的并购者会更成功，企业系列并购的绩效应该呈越来越好的趋势。

（4）委托代理理论。委托代理理论认为，由于人作为"理性的经济人"的自利特征，管理层会因为追求自身的利益而损害股东的利益。Schmidt 和 Fowler（1990）研究发现，管理层进行企业并购，不论并购的绩效如何都会获得显著的现金补偿。另外，管理层的薪酬通常与企业的规模相关，管理层频繁进行并购可能是为了建立企业帝国（Corporate Empire），满足自身的私利，而不是为了增加股东的价值。

（5）消化不良假说。Conn et al.（2004）提出消化不良假说（Indigestion Hypothesis），企业在短时间内进行多次并购，并购者很难有足够的精力同时对多个企业进行并购整合，造成"消化不良"。随着并购次数的增多，企业的并购绩效会越来越差。

（6）递减的机会集假说。递减的机会集假说认为企业系列并购绩效逐次下降的事实不一定是因为管理者过度自信，受经济利益驱使的规避风险的理性 CEO 们会从过去交易公告后投资者的反应中进行学习，逐次下降的累计超额收益（CAR）可能有其他原因，如：不断下降的投资机会集、预算的制约、并购浪潮中日益激烈的竞争。

2.6.2　企业系列并购价值创造实证研究

（1）国外相关研究。国外学者主要采用事件研究法进行企业系列并购绩效的研究，只有 Conn et al.（2004）同时采用事件研究法和会计研究法对企业系列并购绩效进行研究。国外实证研究结果多是企业系列并购的绩效越来越差（如：Schipper & Thompson，1983；Fuller et al.，2002；Conn et al.，2004；Ismail，2008；Ahern，2008；Kengelbach et al.，2012）。只有少数实证研究结果表明随着并购次数的增多，并购获得的超额收益也越大（如：Rovit & Lemire，2003）。

Schipper & Thompson（1983）对 1952~1968 年美国 55 家公布并购计划的上

市公司进行研究。实证研究结果表明，在宣布并购计划后的一年内并购公司股东能够取得13%的超常收益，但是股市对随后的每一起并购公告几乎没有反应。他们认为在有效的资本市场中股价反应在宣布并购计划时几乎已经全部实现。并购计划假说认为单次并购不是独立的，是并购计划（Acquisition Program）的一部分。

Fuller et al. （2002）采用事件研究法，研究美国1990~2000年发生的3年内并购次数为5次及以上的539家上市公司进行的3135起并购交易。实证研究发现所有样本平均获得1.7%的累计超额收益（CAR）。第1次并购有显著的收益。随着并购次数的增加，并购企业获得累计超额收益呈下降趋势。但到第5次及第5次以后平均获得0.52%的累计超额收益（CAR），各次收益不明显，并且有时是损失。

Rovit & Lemire （2003）采用事件研究法，研究1986~2001年15年间724家美国大公司发起的7475起并购交易。研究发现，并购次数超过20次的企业股东累计超额收益是这期间只进行1次至4次并购交易的企业股东累计超额收益的1.7倍，是这期间没有进行并购的企业股东超额累计收益的2倍。研究结果支持组织学习假说。

Conn et al. （2004）分别采用事件研究法和会计研究法共同研究企业多次并购绩效，会计研究法用并购完成之后一年（t+1）的总资产营业利润率减去并购前一年（t-1）的总资产营业利润率的差值来计量各次并购事件的财务绩效。实证研究发现，进行多次并购的企业获得的收益比进行单次并购的企业少。企业多次并购绩效呈现逐次递减趋势。

Ahern （2008）对美国1980~2004年25年间4879个并购企业发起的12942起并购事件进行研究发现，并购企业股东第一次并购获得的累计超额收益平均为3.19%，获得的收益最大，随后呈递减趋势，第5次及之后平均累计超额收益下降为-0.11%。

Ismail （2008）对1985~2004年美国进行的16221起并购进行研究发现，单次并购企业股东和多次并购企业股东都获得了显著的累计超额收益，但多次并购企业股东获得的累计超额收益低于进行单次并购的企业股东。多次并购绩效呈逐次下降趋势，但前4次并购均获得收益。

Kengelbach et al. （2012）对全球1989~2010年发起的20975个并购样本进

行研究发现，在多次并购企业并购宣告期间平均累计超额收益比单次并购企业低
0.4%，并购绩效逐次下降。并购间隔时间长一些和目标公司规模相对小一些是
并购成功的关键要素，说明组织的整合能力是有限的，实证结果支持消化不良
假说。

（2）国内相关研究。与国外学者主要采用事件研究法研究企业系列并购绩
效不同，我国学者较多采用会计研究法（韩立岩和陈庆勇，2007；张广宝等，
2012）和事件研究法（吴超鹏等，2008）共同检验企业多次并购绩效。

韩立岩和陈庆勇（2007）采用因子分析法对2001~2003年发生资产收购和
股权收购的141家公司的并购事件进行研究。将并购前后各年总资产收益率、净
资产收益率、主营业务利润率、资产负债率倒数等财务指标压缩为一个综合得
分，利用各年得分的差值衡量企业系列并购绩效。实证研究结果表明：并购绩效
随着以往并购次数的增加而下降。认为公司管理者出于自身利益实施并购活动的
可能性较大。

吴超鹏等（2008）分别采用事件研究法和会计研究法，以1997~2005年至
少发生两起标的物为股权的协议收购或要约收购的440家上市公司所完成的1317
起并购作为研究对象，进行企业系列并购绩效的研究。会计研究法借鉴 Conn et
al.（2004）的研究，以并购完成后一年的总资产营业利润率减去并购完成前一
年的总资产营业利润率的差值来衡量并购对企业经营绩效影响。采用两种研究方
法进行实证研究均发现企业并购的绩效随着并购次序的增加呈下降趋势。将首次
并购成功的企业定义为管理者过度自信的企业，实证研究发现，系列并购绩效下
降仅发生在首次并购成功的样本中，因此推断管理者首次并购成功会过度自信，
导致之后的并购绩效下降。将所进行的多起并购之间的时间间隔（Duration）均
至少一年的企业定义为管理者充分学习的企业，实证研究发现，管理者充分学习
企业的系列并购绩效呈现上升趋势，管理者不充分学习企业系列并购绩效呈显著
下降趋势。

张广宝和施继坤（2012）对2008~2010年A股上市公司收购资产、收购股
权和吸收合并事件进行研究。将净利润的预测值大于行业中位数或净利润预测增
长幅度大于实际增长幅度或每年实施4次及以上并购的管理层认定为过度自信的
管理层。根据样本分析发现，过度自信的管理层参与的并购事件占总样本的
69%，理性的管理层参与的并购事件只占总样本的31%，2008~2010年，过度自

信的管理层年均并购频率为 1. 51 次，理性并购管理层年均并购频率为 1. 32 次。采用托宾 Q 计量企业的并购绩效，过度自信的管理层实施并购后的绩效低于理性的管理层实施并购后的绩效，过度自信的管理层实施多次并购后绩效明显降低。过度自信的管理层实施并购的频率与管理层私有收益之间存在显著的正向关系。根据统计结果最终得出结论为：过度自信并不是管理层发起多次并购活动的唯一动机，其背后很可能隐藏着上市公司管理层谋取私有收益最大化的强烈动机。

刘莹等（2017）采用事件研究法以生物医药行业 72 家上市公司 2006~2014 年发生的 295 起并购事件为样本分析并购次序对并购绩效的影响，研究发现并购绩效随着并购次序的上升呈下降趋势，但并不具有统计上的显著性。

庄明明等（2021）利用 2006~2019 年 A 股上市公司的样本数据，考察连续并购对公司股价崩盘风险的影响。研究发现，连续并购显著增加了公司未来股价发生崩盘的风险。当连续并购中有异地并购或多元化并购时，连续并购对股价崩盘风险的正向作用更强。

2.6.3　企业系列并购价值创造研究述评

（1）系列并购价值创造相关理论假设述评。并购是企业重要的投资决策，如果用管理层过度自信解释某一次并购的绩效不佳或许还有合理之处，但将企业多次并购绩效不佳都归因于管理层过度自信或许有些片面。不排除有些企业的管理者因为委托代理问题通过多次企业并购满足自身的私利损害股东的利益，但现实中也能观察到，并不是所有的管理者都是自利的，或者他们不是任何时候都是自利的，心理学也已经证实了人们往往会有"利他"倾向（姜付秀等，2009）。消化不良假说和递减机会集假说有其合理性。无论是管理者过度自信、委托代理理论还是组织学习理论、消化不良假说、递减的机会集假说等，任何一种理论假说都无法全面解释企业系列并购大样本统计结果的成因。

（2）系列并购价值创造实证研究述评。由于企业在一段时期内进行多次并购可能是一段时期内每年并购一次、隔一年并购一次、隔两年并购一次，一年并购多次等多种不同形式及不同形式的组合，使用会计研究法只能分析至少并购前 2 年和并购后 2 年均没有发生过并购的并购事件的绩效，无法对所有并购事件进行财务绩效分析。事件研究法更适合研究企业逐次并购绩效的变化。国外学者普遍采用事件研究法进行企业系列并购绩效研究。事件研究法是建立在资本市场有效的假设前提下的，认为市场的投资者能够准确且快速地计算出由于企业合并导致企业股票价值的变化。虽然企业系列并购的具体形式的复杂性给采用会计研究法进行系列并购绩效研究带来很大困难，但由于我国股票市场的有效性相对较弱，我国学者较多采用会计研究法和事件研究法进行企业系列并购绩效的研究。

我国学者实证研究的结果虽然也支持企业系列并购绩效呈下降趋势。但国内相关研究还非常少，加之实证研究中对企业并购含义的界定不同、所采用的评价指标不同、研究样本的区间不同，关于我国企业系列并购的绩效还有待进一步深入研究。另外，关于企业并购或者企业系列并购绩效的大样本实证研究可以分析企业总的并购绩效趋势，以及并购的成功和失败企业所占的比重，具有何种特征的企业并购成功的概率更大，但无法通过大样本实证研究分析企业并购的具体细节问题，所以很难通过大样本实证研究提高企业并购或者企业系列并购的成功率。

2.7 本章小结

本章首先对企业能力理论和企业并购价值理论进行综述，这是本书的理论基础。其次对企业并购能力的研究现状进行综述。企业并购能力是影响企业并购价值创造的重要因素。目前，关于企业并购能力的含义、企业并购能力的构成要素以及企业并购能力的计量都处于初始探索阶段，还有待完善和补充，还没有关于企业并购能力提升路径的系统研究。最后对企业并购价值创造的计量方法、企业并购价值创造的实证研究结果和企业系列并购价值创造的相关理论假设以及实证研究结果进行综述。目前，国内外关于企业系列并购的相关研究还非常少，我国的相关研究更是少之又少，已有文献主要集中于研究随着并购次数的增加企业并购绩效的变化特点，还没有关于企业系列并购价值创造机理的相关研究。

3 经营能力、并购能力与
系列并购价值创造

　　本章首先阐述资源和能力之间的关系，以及知识、资源和能力各自在价值创造中发挥的作用。其次分别对经营能力和并购能力进行分析。由于以往的文献对各行业的经营能力进行了较多的研究，并且各行业的经营能力也不尽相同，本章重点对并购能力进行分析研究。构建"双力驱动价值创造模型"，将企业并购能力与经营能力结合起来阐述企业系列并购的价值创造机理，这既是本书的理论创新，也是分析企业系列并购价值创造的逻辑主线。之后对企业经营能力和并购能力之间的关系及各自的提升路径进行分析。最后对导致企业系列并购失败的具体技术原因和战略原因进行分析。

3.1　知识、资源、能力与价值创造

3.1.1　资源与能力

　　企业能力理论认为，企业间竞争结果的差异主要源自竞争对手之间资源和能力的差异。企业资源和企业能力是研究企业获取竞争优势的两个重要因素，但目前关于资源和能力的含义学者们还没有达成统一。

　　一些学者不对企业资源和企业能力进行区分，例如 Barney（1991）认为公司独特的资源和能力，如技术诀窍、设计和制造能力以及对市场需求的响应能力对

于公司的绩效是至关重要的。Barney（1995）认为企业内部的属性（attributes）就是企业的资源和能力，一个企业的资源和能力包括所有的财务资产、实物资产、人力资源和组织资产。陈艳艳和王国顺（2006）将企业资源划分为资产和能力两大类，资产又可以划分为有形资产和无形资产两大类。Karna et al.（2016）将企业能力分为普通能力和动态能力两大类，将普通能力细分为：①操作/流程，②产品/服务/质量，③资源/资产，④组织/结构，⑤客户/供应商关系五类。将动态能力细分为：①研发/创新/技术，②战略决策/市场调研，③合作/联盟/对外关系，④知识管理，⑤无形资产/信誉，⑥战略人力资源管理六类。对企业资源和能力不作区分的主要观点如表3-1所示。

表3-1 对企业资源和能力不作区分的主要观点

学者	观点
Hall （1992，1993）	企业资源包括有形资源、无形资源、能力
Barney （1991）	公司独特的资源和能力，如：技术诀窍、设计和制造能力以及对市场需求的响应能力对于公司的绩效至关重要
Barney （1995）	企业的资源和能力包括所有的财务资产、实物资产、人力资源和组织资产
Collis & Montgomery （1995）	企业资源包括有形资源、无形资源、组织能力三大类
Carmeli （2003）	按照是否从属于人以及资源在企业中运作过程两个维度将22种资源分为四大类，其中包括知识、能力要素、组织关系等
罗辉道和项保华 （2005）	从企业资源本身出发可将资源分为有形资产、无形资产和能力；从企业资源与竞争优势的关系出发可将资源分为一般资源和战略性资源
陈艳艳和王国顺 （2006）	企业资源分为资产和能力
Karna et al. （2016）	企业能力分为普通能力和动态能力两大类，普通能力细分为：①操作/流程，②产品/服务/质量，③资源/资产，④组织/结构，⑤客户/供应商关系五类。动态能力细分为：①研发/创新/技术，②战略决策/市场调研，③合作/联盟/对外关系，④知识管理，⑤无形资产/信誉，⑥战略人力资源管理六类

资料来源：苏敬勤、王鹤春（2010），作者整理。

有些学者认为企业资源与能力不同，如：Penrose（1959）认为，一个企业获得租金可能不是因为它有更好的资源，而是企业拥有的独特能力，包括更好地使用它的资源的能力，但 Penrose 没有对资源和能力进行具体区分。Prahalad & Hamel（1990）认为，能力与实物资产不同，能力在被使用和分享时不但不会变弱而且会增强。Grant（1991）认为，资源是生产过程中的各种投入，生产性活动需要资源组的配合与协调，而能力是使资源组完成某项任务或活动的才能，资源是能力的来源，能力是导致资源产生竞争优势的根本原因。Amit & Schoemaker（1993）认为，能力与资源相对应，是指企业运用组织流程（Processes），通过组合的方式使用资源，以达成某种期望的结果的能力，能力是以信息为基础的，通过各类资源之间相互长期复杂作用而形成的，特有的各种有形或无形的流程，这些流程可以被抽象地看作企业为增强资源的使用效率，组织战略的灵活性和为保护最终产品而生产的中间产品。Teece et al.（1997）认为，应当从支持生产性活动的组织结构和管理过程来理解企业能力，而不是资产负债表。因为资产负债表仅包含那些能以初始市场价格（成本）计价的项目，他们实际上并不能较好地反映出企业独特的才能，企业能力本质上是嵌入某些组织过程中的。黄津孚（2001）认为，资源可以实行永久性所有者转移，能力附着于人体，能力无法实现永久性所有者转移。何琳和丁慧平（2007）将企业资源分为能动性资源（即人力资源）和非能动性资源，认为企业能力产生于能动性资源、作用于非能动性资源的过程中，强调企业能力源于企业资源，能力的强度取决于非能动性资源的数量和能动性资源对非能动资源进行操作、积累、更新和创新的效果。Helfat & Winter（2011）认为，能力需要必要的投入（包括资源投入）以进行开发和维护。黄嘉涛（2017）根据移动互联网环境的特点将动态能力划分为资源配置能力、创新能力和客制化能力。其中的客制化能力是企业为了满足顾客的个性化需求，开放价值创造系统，实现与顾客共创价值所表现出的独特能力。卢艳秋等（2021）认为动态能力是企业使用资源的过程，特别是整合、重新配置、获取和释放资源的过程，以匹配甚至创造市场的变化，因此动态能力是企业在市场出现、碰撞、分裂、演化和消亡时实现新的资源配置的组织和战略管理。认为企业资源和能力不同的主要观点如表 3-2 所示。

表3-2 认为企业资源和能力不同的主要观点

学者	观点
Penrose (1959)	一个企业获得租金可能不是因为它有更好的资源，而是企业拥有独特的能力，包括更好地使用它的资源的能力
Prahalad & Hamel (1990)	能力（Competences）与实物资产（Physical Assets）不同，在被使用和分享时不但不会变弱（Deteriorate）而且会增强
Grant (1991)	资源是生产过程中的各种投入，而能力就是使资源组完成某项任务或活动的才能，资源是能力的来源，能力是资源产生竞争优势的根本原因
Amit & Schoemaker (1993)	能力与资源相对应，是指企业运用组织流程（Processes），通过组合的方式使用资源，以达成某种期望的结果的才能（Capacity）
Teece et al. (1997)	资产负债表不能较好地反映企业能力，能力本质上是嵌入某些组织过程中的
黄津孚 (2001)	资源可以实行永久性所有者转移。能力附着于人体，能力无法实现永久性所有者转移
何琳和丁慧平 (2007)	企业资源分为能动性资源（人力资源）和非能动性资源，企业能力产生于能动性资源作用于非能动性资源的过程中，强调企业能力源于企业资源。能力的强度取决于非能动性资源的数量和能动性资源对非能动性资源操作、积累、更新和创新的结果
Helfat & Winter (2011)	能力需要必要的投入包括资源投入进行开发和维护
黄嘉涛 (2017)	依据移动互联网环境特点将动态能力划分为资源配置能力、创新能力和客制化能力。客制化能力是企业为满足顾客个性化需求，开放价值创造系统，实现与顾客共创价值所表现的独特能力
卢艳秋等 (2021)	动态能力是企业使用资源的过程，特别是整合、重新配置、获取和释放资源的过程，以匹配甚至创造市场变化，因此动态能力是企业在市场出现、碰撞、分裂、演化和消亡时实现新的资源配置的组织和战略惯例

本书采用企业资源不同于企业能力的观点。企业能力源于企业资源，资源是能力形成的基础，能力是利用资源完成任务的才能。企业能力是企业根据外部环境需求，识别、获取、组合和配置资源进行价值创造活动的才能。资源能够独立存在，而能力必须嵌入企业的管理和业务流程。企业能力的强弱是相对于外部环境而言的相对能力，企业的绝对能力不变，但外部环境变了，企业的相对能力也就变化了。如：企业没有发生变化但是竞争对手研发出更符合消费者偏好的产品，企业的相对能力就降低了。另外，拥有相似资源企业的绩效也可能有很大差异，这种差异的本质是企业能力的差异。企业资源是企业能力形成的必要条件但不是充分条件。

3.1.2 知识、资源、能力——企业价值创造的源泉

Wernerfelt（1984）认为，与企业的外部条件相比，企业的内部条件尤其是企业的内部能力、经验和知识的积累是企业获取超额收益和保持竞争优势的关键。企业是一个知识集合体，也是一个资源集合体，同时也是一个能力集合体。企业知识、资源和能力密切相关，它们是企业价值创造的源泉，但它们在企业价值创造过程中所起的作用有所不同。

知识、资源是能力的基础，但知识和资源不能直接表现为能力。Grant（1996）认为，企业能力源于对知识的整合和运用而不是知识本身，知识本身不能产生竞争优势，只有运用知识形成能力才能产生竞争优势，组织能力是在整合大量知识的基础上产生的，是企业复杂的、团队基础上的生产活动。如：美国运通的客户计费系统、克莱斯勒的汽车设计过程、壳牌公司的深海石油勘探都是依靠这些公司充分利用和整合许多专家的知识的能力。企业能力是企业的知识作用于企业资源形成企业独特的资源组合从而为企业获取竞争优势创造价值的本领。企业的知识和资源是企业获得能力的基础，企业知识和企业资源最终要通过企业能力才能发挥创造价值的作用，各种能力共同作用形成企业的价值创造能力，企业创造价值数量不同的原因在于其能力存在差异。

Penrose（1959）认为在任何企业中，人都是最重要的资源，因为是人的知识和洞察力（Insights）决定企业未来的生产机会集（Productive Opportunity Set）。本书借鉴何琳和丁慧平（2007）对企业资源进行分类的方法，将企业资源分为能动性资源（人力资源）和非能动性资源。认为企业的价值创造能力产生于人力资源将所掌握的知识运用于非能动性资源（有形资源和无形资源），对非能动性资源进行配置、组合的过程中。企业价值创造能力的强度取决于两方面，一方面是非能动性资源的数量，另一方面是人力资源在非能动性资源操作过程中对资源组合、配置的知识不断积累、总结和创新的程度。

3.2　经营能力

经营能力是企业开展经营活动赖以生存的能力，企业运用经营能力制造和销售产品或者提供服务从而创造价值。对于不进行并购的企业而言，企业的价值创造过程为：能动性资源（人力资源）将生产经营知识运用于非能动性资源（有形资源和无形资源）形成企业的生产经营能力体系（简称生产经营能力或经营能力），从而创造价值。对于不进行并购的企业而言，企业的经营能力体系就是企业的价值创造能力体系。

不同行业由于生产经营特点不同，企业的经营能力体系的子能力构成也不完全相同。本书以制造业企业为例，参考企业的生产经营过程，将企业的经营能力划分为管理能力、生产能力、研发能力、营销能力四个维度的价值创造一级子能力，各个一级子能力又可细分为若干二级子能力，非并购企业价值创造能力体系如图 3-1 所示。

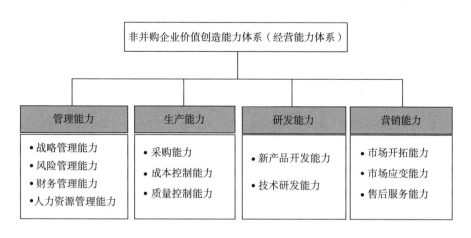

图 3-1　非并购企业价值创造能力体系

Prnose（1959）指出，由于环境对企业成长活动产生的位置限制，需要做出判断的领域很大，一个全面的企业成长理论必须解释许多种类企业的成长，并且不仅必须考虑由于企业自身行为变化导致的后果，还必须考虑超出企业控制的外部环境变化对企业的影响。赵定涛和雷明（2006）对企业的经营环境根据时间顺序进行分类，如图 3-2 所示，并对三种主要竞争环境的特点进行比较，如表 3-3 所示。

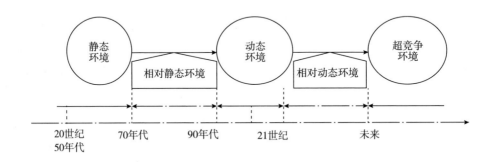

图 3-2　竞争环境的划分

资料来源：赵定涛和雷明（2006）。

表 3-3　三种主要竞争环境的比较

特点	静态环境	动态环境	超竞争环境
稳定性	稳定	动荡	极端动荡
复杂性	简单	复杂	低复杂
可预测性	明确、可预测	不确定、难以预测	不可预测
企业任务	预测并满足需求	创造并满足需求	竞争性创造需求
企业关系	非竞争性合作：合作的主要目的是垄断市场或稳定生产	合作性竞争：以竞争为主，合作的目的是竞争	竞争性竞争：你死我活的不相容竞争关系
战略中心	产品生产	顾客价值	持续创新
竞争范围	主要在有限区域内部如国家	全球性竞争	任何时间和空间的无盲点竞争
竞争手段	低成本为主，兼有差异化	差异化为主，时间和速度越来越重要	完全的时间与速度竞争
竞争优势的持续	获取战略性资源与异质性能力、选择有吸引力的产业	静态环境与超竞争环境的有机结合	持续性创新、创造性破坏

资料来源：赵定涛和雷明（2006）。

　　在静态或稳定的环境里，核心经营能力是企业可持续竞争优势的来源（Prahalad & Hamel，1990）。20 世纪 90 年代后，企业进入了动态经营环境（赵定涛和雷明 2006）。在全球化竞争不断加剧、技术飞速发展和产品生命周期不断缩短的动态环境中，市场快速变化会把企业的核心经营能力变为核心刚性。由于顾客品味的变化、产业结构的变化或者技术的变革等外部环境的改变都会减少经营能力为企业创造价值的数量。互联网时代的飞速发展将企业带入超竞争环境，在此情景下，企业竞争优势的产生和消失逐渐成为一个短暂的时间概念（王晓玲等，2020）。超竞争环境则呈现出不同的特征：其一，"变"是环境的常态，竞争态势难以预测；其二，竞争优势存续时间十分短暂，只有不断获得新的瞬时竞争优势的企业才能持续表现出色；其三，企业的战略焦点已经不在于是否竞争，而重点关注如何进攻（于晓宇和陈颖颖，2020）。不断变化的外部市场环境，促使企业必须不断感知外部环境，更好地配置、组合资源，提高经营能力（如提高生产效率、降低生产成本）或形成新的经营能力（如研发出新产品）。企业演进的本质是其经营能力不断地演进。企业必须不断提高和重构其经营能力以适应外部环境的变化。

3.3　并购能力

Penrose（1959）认为企业既是一个管理性组织，也是个生产资源的集合。企业总的目标就是将企业"自有"资源与从企业外部获取的其他资源组织起来进行生产、销售产品或提供服务以获得利润。并购是获得大量新资源的常见手段（Karim & Mitchell，2000）。企业的才能和能力通常无法单独买卖，不能通过市场交易获得，除非买下整个企业（Teece et al.，1997）。企业能力嵌合在企业内部，无法独立出售或买卖。致力于研究企业内部成长的 Penrose（1959）也承认："并购是企业在其成长过程中可以使用的一种最重要和最有利的成长方式。"并购可以获得大量的新资源使企业从本质上改善已经存在的能力和开发新的能力（Sirmon et al.，2007）。企业价值创造能力的提升既可以依靠自身资源和能力的渐进式积累，也可以通过系列并购的方式对企业的资源和能力进行革命性的变革。在竞争激烈不进则退的动态环境中，越来越多企业会通过不断并购的方式快速获取价值创造所需要的知识、资源和能力，以创造更大的价值。

3.3.1　并购能力的含义

本书定义企业并购能力为企业运用自身积累以及从企业外部筹集的资源进行并购活动，提高企业的经营能力，从而创造价值的能力。并购能力是一种动态能力，会随着企业并购次数的增加和并购经验的积累以及企业经营能力的变化而变化。并购能力是企业能力体系中一种高级的、独特的、综合性的能力，是建立在并购子能力基础上的综合能力。企业发展到一定规模后通常倾向于培养和提升这种能力。企业都拥有生产经营能力，但不是所有企业都拥有并购能力。

基于企业能力理论的视角，创造价值的并购产生于并购企业对外部环境的准确判断、对自身资源和能力的正确认识、对目标企业的资源和能力的正确评估以及对双方资源的有效整合，由此增强了企业原有的经营能力或产生了新的经营能力，从而为企业创造更大的价值。并购企业的并购能力状况对于并购能否创造价值起着重大作用。

3.3.2　并购能力的子能力要素

借鉴前人的研究成果，广泛阅读文献，根据并购过程分析影响企业并购价值创造效果的相关能力，本书将进行系列并购企业的并购能力分为两类并购子能力，分别是并购战略规划能力和并购战略实施能力。并购战略实施能力又细分为并购支付能力、目标企业识别能力、并购价值评估能力、并购谈判能力、并购整合能力。企业并购能力的子能力要素构成如图 3-3 所示。

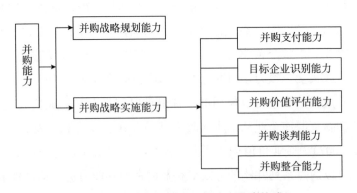

图 3-3　企业并购能力的子能力要素构成

（1）并购战略规划能力。战略规划是企业系统地并且较为正式地确立其战略，同时制定详细的战略规划实施，战略规划最大的优点是具有前瞻性，能够预测未来可能发生的各种情形并预先设计相应的对策（斯坦纳，2001）。企业的并购能力以及环境的市场机会，影响企业系列并购战略规划。并购战略规划能力是指准备实施系列并购战略的企业，在充分考虑外部政策法规等环境及竞争对手情况的前提下，综合权衡自身的资源和能力，如：财务实力、员工素质等，规划并购各个目标企业的预计时间，系列并购过程中可能遇到的问题，并购后的各种可能结果对下一次并购的影响，以及采取的应对措施的能力。在实施系列并购战略的过程中，并购多个目标企业需要多次支付并购对价、多次并购整合等，面临的不确定性比单次并购大得多，制定系列并购战略规划有助于企业降低并购风险。

（2）并购支付能力。本书认为狭义的并购支付能力是企业在并购交易过程中的支付能力，主要指企业为获取目标企业的股权付出对价的能力。广义的并购支付能力包括并购交易过程中的支付能力和并购交易结束后为进行整合付出代价的能力。并购支付能力主要受支付方式、企业自身实力和融资能力三方面因素影响。

并购支付方式是指并购企业为购买目标企业付出对价所使用的支付方式。我国企业并购支付方式主要有现金支付、股份支付、承债支付、资产支付、混合支付。其中使用最多的是现金支付方式。谢纪刚和赵立彬（2014）对2008~2010年中国上市公司实施的目标企业控制权发生转移的331起并购事件的并购支付方式进行统计，结果如表3-4所示。

表3-4 2008~2010年并购样本的并购支付方式　　　　　单位：起

支付方式	2008 年	2009 年	2010 年	合计	比例（%）
现金支付	65	88	130	283	85.5
股票支付	16	10	22	48	14.5
合计	81	98	152	331	100

资料来源：谢纪刚和赵立彬（2014）。

曾敏（2022）研究发现，在A股市场上，现金是并购交易的主要支付方式，在大部分年度，现金支付的比例都达到 90%，而股票支付只占到了很小的比例。

由于信息不对称等，企业股票的市场价格可能高于或低于企业的真实价值（Shleifer & Vishny，2003）。根据信号理论，当企业的管理层认为本企业的股票价值被低估时，便倾向于采用现金支付方式收购，如果管理层认为本企业的股票价值被高估，则会采用股票支付方式收购。这种信号会传递给股票市场上的投资者，从而导致采用现金支付的并购企业股价上升，采用股票支付的并购企业股价下降。

周小春和李善民（2008）实证研究发现，采用现金支付比其他支付方式创造的价值更多。宋希亮等（2008）实证研究发现，短期内换股并购能够获得超额收益，但长期有损股东的市场财富。陈涛和李善民（2011）实证研究发现，并购企业采用现金支付不能获得超额收益，采用股票支付能够获得显著的超额收益。李井林等（2014）研究发现，股票支付能够为并购公司股东创造价值，采用现金支付则会给并购公司股东带来损失。可见，采用哪种并购支付方式能够获得更大的价值目前还没有定论。

企业的债务筹资能力和现有的财务杠杆对其采用的并购支付方式有重要影响，管理层的理念和大股东保持现有的公司治理结构的意愿也对企业的并购支付方式有重要影响（Bruslerie，2013）。不同的并购支付方式反映企业的并购支付能力也不同。通常来说，采用现金支付方式的并购支付能力弱于采用股票支付方式的并购支付能力。采用股票支付方式，并购企业用自己的股票或持有的其他公司的股票与目标企业股东进行股份交换，股票支付方式的不足是可能会稀释原有股东对公司的控制权，但由于没有大量资源流出并购企业，相对而言对并购公司的生产经营没有太大影响，因此并购企业的并购支付能力较强。而采用现金支付方式，由于需要付出大量现金，企业自身的现金资源通常无法满足并购支付的需求，不得不从企业外部筹集现金，企业从外部借贷资金的数量也是有限的，因为大量借款会增加企业无法偿付到期本息的财务风险。

企业自身实力包括资源数量和获利能力都影响企业的并购支付能力，如果企业自身拥有较多现金、土地等可以与目标企业进行交换的并购对价资源，则企业的并购支付能力相对较强。如果企业的生产经营状况很好，获利能力很强，则企业可以通过负债方式多筹集一些资金用于并购支付，这样即使财务风险大些，但由于经营风险比较小，企业的整体风险也不会很大，因为能够在比较短的时间内通过经营获得现金支付并购借款，可见如果企业的获利能力较强，则企业的并购支付能力也相对较强。

并购支付能力也与企业的融资能力有关。企业自身资源通常无法满足并购支付的需求，不得不通过发行债券、并购贷款等债务融资方式或发行股票等权益融资方式从企业外部筹集现金，这就要求企业具有丰富的与资本市场打交道的经验。企业融资能力与企业自身的财务实力、经营状况有很大关系，也与企业的融资经验以及企业同银行、券商、股东等的关系有关。融资能力强的企业能够筹集较多的资金用于并购支付。

并购企业的并购支付能力，决定了目标企业的规模，有时并购企业发现了与自身资源更匹配的目标企业，但由于自身的并购支付能力有限，不得不退而求其次。我国目前的并购支付方式主要为现金支付，并购企业通常要为并购承担高额借款，并购后通常会面临现金减少，资产负债率大幅提升，财务风险增加的局面。而且企业的并购整合、生产经营都会有现金需求。并购企业如果对自身的并购支付能力没有足够的把握有可能会导致出现资金链断裂甚至破产的严重后果。

（3）目标企业识别能力。李玮和宋希亮（2007）认为，目标企业选择错误是并购失败的最主要原因。企业并购的目的可能主要是获得目标企业的土地、厂房、机器设备，也可能主要是获得目标企业高素质的研发人员，或者是进入新行业，还可能兼而有之。企业是一个复杂的资源和能力的集合体，目标企业资源和能力的识别比单项资源的识别复杂得多。企业应根据自身资源和能力状况，确定目标企业应具备的资源和能力。Barney（1991）认为，拥有更多准确信息的企业更能够获得已有的资源和其想得到的资源之间的匹配，这样就能够更加有效地利用外部机会。由于信息不对称，在并购交易过程中并购企业很难掌握目标企业的全部信息。并购企业应最大限度消除目标企业的信息不对称，认清目标企业资源和能力的真实状况，权衡目标企业拥有的资源和能力是否是并购企业所需要的，目标企业与并购企业的资源整合后是否能够提高整体的价值创造能力。

选择不同的目标企业，支付的并购对价不同，并购后整合成本不同，创造的价值也不同，如何选择最合适的目标企业，这就需要主并企业具有敏锐的目标企业识别能力，在众多潜在目标企业中识别出最合适的目标企业。

（4）并购价值评估能力。并购价值评估能力包括目标企业价值评估能力和协同效应价值评估能力。

目标企业价值评估能力是对目标企业公允价值的评估能力。目标企业定价是并购交易的核心环节之一，为保证并购交易的客观和规范，监管机构要求上市公司聘请专业的独立第三方价值评估机构对目标企业进行价值评估，为并购交易定价提供价值参考。第三方价值评估机构按原理和技术路线的不同使用的评估方法有三种，分别是市场法、成本法和收益法。三种方法各有特定的使用条件，如果在使用中脱离实际，片面选择对客户最有利的前提假设或参数，就很可能会导致置入上市公司的资产出现高估，不利于并购重组交易的公平与公正。

市场法是指将评估对象与参考企业在市场上已有交易案例的企业、股东权益、证券等权益性资产进行比较以确定评估对象价值的评估方法。由于难以找到完全相同或相近的可比公司及相应的交易数据，市场法在并购重组中很难广泛应用。

成本法也称为资产价值基础法，指通过对目标企业的各项资产和负债进行估价来评估其价值的方法。由于成本法无法反映各单项资产组合成的目标企业的整体性，成本法一般不作为评估目标企业价值的唯一方法。

收益法是指预计目标企业未来的预期净收益，选择适当的报酬率或资本化率、收益乘数将其折现到估价时点后累加，以此估算目标企业的客观合理价值。收益法主要包括股利贴现模型与现金流折现模型，其中现金流量折现模型使用较多，现金流量折现模型又分为股权自由现金流量模型和企业自由现金流量模型。

在价值评估过程中，第三方价值评估机构一般会使用以上三种价值评估方法对被并购企业价值进行评估，并对多种评估方法得到的初步评估结果进行分析，在综合考虑各评估方法合理性的基础上，最终选择使用一种评估方法计算出被并购企业的价值评估金额并出具评估报告，为并购方提供被并购企业的公允价值参考。

由于收益法的理论基础是经济学中的贴现理论，即一项资产的价值是利用它所能获取的未来收益的现值，其折现率反映了投资该项资产并获得收益的风险回报率。第三方价值评估机构在评估目标企业价值时较多最终使用收益法确定目标企业价值，运用收益法最关键的内容是对企业未来收益的预测，这是一个十分复杂的过程，要考虑外部环境、竞争对手、企业内部等方方面面的因素。要做出科学合理的判断，不仅涉及企业的有形资产，更重要的是对那些企业账面上并不显现的各种无形资产在未来运营中所能发挥作用的潜力和交互影响做出判断，对行业、市场、技术进步、社会环境、国家政策等外部环境对企业发展的影响做出判断。这就要求评估人员要具有很高的业务素质，尤其要具有很强的综合分析问题和解决问题的能力。

由于信息不对称会使并购方以及第三方价值评估机构对被并购方的真实盈利能力、财务状况、经营水平、市场地位和份额以及未来发展潜力等方面的信息掌握不足。受制于信息不对称，第三方价值评估机构在评估实施过程中，对标的资产未来获利能力等关键信息的判断会借鉴被并购方的业绩承诺信息，业绩承诺传递的积极信号使价值评估机构在评估过程中选择估值参数更为激进，最终推高标的企业价值评估结果，信息不对称会使并购企业面临较大的目标企业估值风险（翟进步等，2019）。

协同效应价值评估能力是指对并购后通过并购整合能够创造的价值，即对并购产生的"1+1>2"的效应，至于1+1到底比2大多少则需要尽量准确估算的能力。企业进行系列并购要有全局意识，并购企业在进行系列并购中的单项并购时，对单个目标企业的并购价值评估要充分考虑系列并购实施完成后，在并购企业与多个目标企业之间相互交换和共享知识、资源和能力的情况下，目前正在并购的目标企业能够为并购企业带来多少协同价值。目标企业价值和协同效应价值是企业支付并购对价时要考虑的重要因素。企业通过并购获得的价值的计算公式如下：

$$V = Vg + Vx - Vz \qquad 公式（3-1）$$

其中，V：企业并购获得的价值；Vg：目标企业公允价值；Vx：协同效应价值；Vz：并购支付的对价。

企业并购获得的价值有三种可能情况，第一种是并购支付的对价小于目标企业的公允价值，并购企业不仅可以获得并购产生的协同效应价值，而且获得了从目标企业股东处转移的价值。第二种是并购支付的对价大于目标企业的公允价值但小于目标企业的公允价值和协同效应之和，并购企业能够获得部分通过并购创造的价值，通过并购创造的另一部分价值通过支付并购对价转移给了目标企业股东。第三种是企业支付的并购对价大于目标企业的公允价值与并购后产生的协同效应之和，这时并购企业不但没有通过并购获得价值，还毁损了自身的价值。

在市场上购买单项资产设备或进行绿地投资，由于信息很透明，企业获取资源的价格是比较公允的，而在并购市场上，由于并购企业和目标企业数目都不是很多，加之每个企业都具有异质性，并购市场具有很低的透明度。另外，由于协同效应的存在，一个给定的目标企业对于不同的并购企业具有不同的价值。具有高超并购能力的企业不仅能够通过并购创造价值，而且能够识别出被市场低估价值的目标公司，可以利用市场的不完美以便宜的价格购买资源，获得目标企业被低估的价值。

Roll（1986）的自大假说认为，收购公司的管理层在并购交易时可能由于自大情绪，对并购前景过于乐观，对目标企业的竞价过高，从而导致较差的并购绩效，陷入"胜者的诅咒"。并购被公认是高度复杂的高风险投资活动，对目标企业的价值评估，尤其是对协同效应的价值评估，都是并购过程中高度复杂综合的工作，即使企业管理者没有自大情绪也很难做到对目标企业的公允价值和并购后产生的协同效应进行准确的评估。另外，需要注意的是估算协同效应时要考虑整合成本的存在可能使协同效应减少的数额。

（5）并购谈判能力。在并购活动中，并购交易定价的最终确定需经过并购双方反复谈判确定，并购企业必须有效地与目标企业谈判，即使并购企业能够正确估算出目标企业的价值，也可能在谈判中无法支付可以接受的价格（Very & Schweiger，2001）。并购谈判小组成员要在对目标企业深入了解的基础上制定并购谈判方案，要做好充分的谈判准备，如：谈判的禁忌、谈判内容的顺序、谈判的重点和底线、对方各种可能反应的对策。并购人员应掌握企业商务沟通谈判技巧，并且随着企业不断并购而提高自身的并购谈判技巧。例如：框架传媒总裁谭智在加入框架之前在 TOM 公司参与过收购多家公司，从中获得了十分宝贵的经验。2004 年 11 月谭智成为框架传媒董事长，2005 年 2 月至同年 9 月，框架传媒仅用了 8 个月一举并购了全国所有 8 家主要的竞争对手。谭智真诚、低调、谦虚的风格，娴熟的交流技巧使他很容易就博得目标企业股东的好感。在谈判过程中谭智事无巨细地考虑对方的点滴感受，非常注意不用"收购"这样刺激的字眼，而常常用"整合""合并"来表述。这样的谈判策略，几乎成为谭智整合谈判过程中最重要的"法宝"。有些目标企业老总把合作的成功归于谭智的谈判技巧，认为他非常有谈判技巧（胥英杰和李平，2008）。

（6）并购整合能力。拥有有价值的、稀缺的资源可以使企业具有获得竞争优势的潜力，但这还不够，企业必须有效管理他们的资源才能获得竞争优势，实现价值的创造（Sirmon et al.，2007）。这就需要企业具有较强的并购资源整合能力,有效地进行资源的重新配置。资源重新配置的结果就是能力的重组与构建,即通过合并后两个企业原有资源的重新配置,增强并购后并购企业和目标公司组成的整个企业(集团)原有的能力或者产生新的能力。

企业进行并购整合先要确定并购整合模式,焦长勇和项保华(2002)指出由于并购双方实力对比的差异,战略并购整合有多种模式。并从整合模式的适用条件、特点、主要任务及典型案例,把成功的战略并购归纳成四大类六种整合模式,分别是强入模式、同化模式、分立模式和新创模式。其中强入模式和同化模式根据并购双方业务是否相关又分为强入模式Ⅰ和强入模式Ⅱ,同化模式Ⅰ和同化模式Ⅱ,并进行具体的说明和举例。陈小梅等(2021)选择制度逆差和资源差距两个维度,构造出一个2×2矩阵,将整合模式分为"无为而治"型、"轻触"型、"支持性合作伙伴"型和"重触"型等。并购整合模式选择是并购整合过程中的重要战略决策,不同的整合模式意味着不同的整合管理方式(陈小梅等,2021)。

并购整合包括转换信息系统、整合物流配送、协调销售和营销战略、选择、保留和激励被收购公司的人力资源,是一项艰苦的管理挑战(Leshchinskii & Zollo,2004)。战略并购整合是一个系统工程,涉及企业文化整合、企业组织形式整合、业务流程整合、人力资源整合等,并购后的资源整合,尤其是来自不同地域、企业文化的人力资源的整合,很可能产生巨大的冲突,对企业的并购整合能力要求很高。

并购能力的各项子能力要素相互作用,相互影响。如果企业某方面的并购子能力很弱,即使其他方面的子能力都很强,各种能力综合起来产生的并购能力也不会强。并购能力中的各项并购子能力都强,它们共同作用,综合表现出的并购能力才强。某一项子能力的短板都会导致并购的失败(毁损价值)。可能给企业带来巨大的风险甚至是灭顶之灾。这也是大量企业并购没有实现创造价值的目的反而毁损企业价值的原因。企业能否采用并购这种发展方式,取决于自身的并购能力。

3.3.3 并购能力是间接价值创造能力

并购能力的各项子能力要素的综合性都很强,对企业的相关能力要求很高。Collis(1994)曾将组织能力划分为三类,第一类能力是比竞争对手更有效地执行基本功能的能力，例如：进行工厂布局、物流配送和营销活动等企业基本职能活动的能力。第二类能力是指动态改善企业各项职能活动的能力。第三类能力是比竞争对手更早发现其他资源的内在价值或开发新战略的预见能力。并购能力是改变企业经营能力的能力，根据 Collis（1994）对企业能力的分类方法，并购能力属于第二类和第三类能力。并购能力并不直接创造价值，而是通过改变经营能力间接创造价值，经营能力是直接价值创造能力，并购能力是间接价值创造能力。

3.4　企业系列并购的"双力驱动价值创造模型"

对于进行系列并购的企业而言，企业除了拥有生产经营能力体系外，还拥有一种特殊的能力体系即并购能力体系，生产经营能力和并购能力均属于企业价值创造能力，两者之间相互影响、相互作用，有着密切的关系。

生产经营能力体系和并购能力体系共同构成企业价值创造能力体系，本书提出企业系列并购的"双力驱动价值创造模型"，如图 3-4 所示。

并购是企业复杂的投资活动，系列并购是企业最复杂的投资活动。企业在对外部环境包括产业动态、筹资环境、竞争对手的情况和自身的知识、资源及能力进行综合分析后，先制定系列并购战略，根据系列并购战略制定系列并购计划，并为此提前规划和筹集支付系列并购对价的资源。

企业进行系列并购要运用知识将自身的人力资源、有形资源和无形资源在生产经营和并购之间进行合理配置。从事系列并购的人力资源应该是由从企业相关部门抽调的部分业务能力强、综合素质高的骨干员工和从企业外部聘请的有丰富并购经验的人员构成。企业运用并购能力进行目标企业识别、并购价值评估、与目标企业谈判和向目标企业支付并购对价进入并购整合阶段。这时企业通过并购与目标企业共同形成企业集团。并购企业运用并购整合知识进行并购后的整合，与目标企业之间通过整合共享和交流知识以及与生产经营相关的人力资源、机器设备、房屋建筑物、信息系统、品牌等一揽子资源。并购的价值创造来自更有效率的管理、规模经济、改善的生产技术、互补性资源的结合、资产更有效率的使

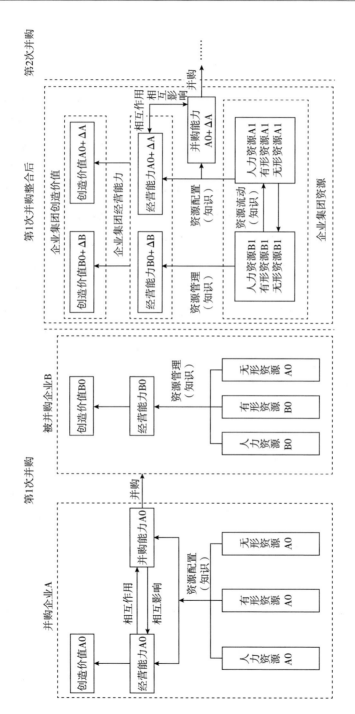

图 3-4 企业系列并购的"双力驱动价值创造模型"

用、利用市场势力或者其他由于协同效应产生的价值创造机制（Bradley et al.，1988）。通过并购企业与目标企业之间人力资源、有形资源和无形资源的共享和整合，并购企业和目标企业都可能形成新的资源组合。进行并购前并购企业的资源由人力资源 A0、有形资源 A0 和无形资源 A0 组成，即并购前并购企业拥有的资源为 A0。目标企业的资源由人力资源 B0、有形资源 B0 和无形资源 B0 组成，即并购前目标企业拥有的资源为 B0。并购后经过有效的整合，并购企业的资源由人力资源 A1、有形资源 A1 和无形资源 A1 组成，即并购后并购企业拥有的资源为 A1。目标企业的资源由人力资源 B1、有形资源 B1 和无形资源 B1 组成，即并购后并购企业拥有的资源为 B1。虽然两个企业资源的总和并没有改变，即资源 A0 与资源 B0 之和等于资源 A1 与资源 B1 之和，但是经过整合后并购企业的资源 A1 已经不同于并购前的资源 A0，目标企业的资源 B1 也不同于并购前目标企业的资源 B0。不同表现为两个方面，一是资源的数量发生变化，二是资源的配置组合方式发生变化。由于这两种变化，并购企业和目标企业都可能产生更大的经营能力或产生新的经营能力，从而各自都能够创造相对于并购前更大的价值。

企业的并购能力和经营能力是相互作用、相互影响的。企业运用并购能力通过并购提高经营能力从而能够相对于并购前创造更多的价值，也为下一次并购提供更多的资源用于支付并购对价，提高了企业的并购支付能力。另外，企业并购后整合的需求，也会推动企业不断提高经营能力，尤其是管理能力。并购企业通过并购实践积累并购经验，并购知识包括显性知识和隐性知识都会增加，企业的并购能力就会相应增加。并购能力和经营能力的增强都有利于企业更好地进行下一次并购，再一次通过并购快速的与目标企业共享知识、资源和能力，并购企业和目标企业再一次提升经营能力或形成新的经营能力，从而并购企业和目标企业各自都能够创造更大的价值，这样良性的循环。

通过一次并购只能跟一个目标企业之间进行知识、资源和能力的共享，通过系列并购形成企业集团，企业可以与多个目标企业之间进行知识、资源和能力的转移、扩散、共享。通过企业的组织整合、业务整合、生产流程的重构或再造，构建企业集团新的知识系统、资源系统和能力系统。企业积累的知识、资源、能力共享的经验越多，创造价值的可能性就越大。进行系列并购的企业价值创造与不进行并购的企业价值创造的区别在于，进行系列并购的企业不断运用并购能力通过并购的方式为企业的生产经营输入大量的知识、资源，使企业的经营能力发生一次又一次跃迁式变化，从而创造更大的价值。

在企业系列并购过程中，并购能力和经营能力共同驱动企业的价值创造，但这两种不同类型的能力在企业价值创造中发挥的作用不同。并购能力强的企业可以获得部分目标企业股东的价值，实现价值的转移，但并购能力本身并不直接创造价值。并购具有资源控制的杠杆作用，可以帮助企业付出相对较小代价将目标企业纳入自己的管控范围。通过并购与目标企业共享知识、资源，从而提高整个企业集团的经营能力，最终通过经营能力的提升为企业创造更大的价值。可见，并购能力强不是企业的最终目的，并购能力是为提高企业经营能力服务的，提高并购能力的目的是通过并购提高经营能力，再通过经营能力的提高创造更大的价值，并购能力是价值创造的间接能力。企业经营能力是企业最基本的能力，也是企业价值创造的直接能力。拥有较强的并购能力能够帮助企业快速提高经营能力，从而创造更大的价值。

在动态的竞争环境中，企业为了获取和保持竞争优势，需要不断获取知识、资源和能力，以及通过不断学习来进行知识、资源和能力的调整。显然一次并购不能解决企业获得持续竞争优势的问题，系列并购才是企业保持竞争优势的重要手段。

3.5　经营能力和并购能力的提升与演进

（1）经营能力可以通过内部积累不断提升。企业可以使用在生产经营循环过程中获取的留存利润扩大经营规模，通过内部积累知识和资源的方式不断获得经营能力的提升，内部积累这种成长方式的风险较小，但增长速度比较缓慢，经营能力很难在短期内有很大的提升。逐步的绿地（Green Fields）投资成长，将导致企业重复利用现有的资源，随着时间的推移，会使企业变得简单和充满惰性（Vermeulen et al.，2001）。企业仅依靠自身有机成长，由于惯性与路径依赖的存在，企业能力往往随着时间的推移变得僵硬，进而无法助力甚至阻碍企业进行知识、资源和能力的调整，对快速变化的环境无所适从。

（2）经营能力可以通过并购获得跃迁式提升。Karim et al.（2000）发现企业并购之后，并购方无论是在资源调整的深度还是广度上的变化幅度明显大于未经历过并购的企业。并购能够在企业中产生建设性冲突，这种对企业的冲击，打破企业的刚性和惯性，刺激革新和变革，提高企业适应新环境的能力。企业通过系列并购可以不断获取目标企业的大量知识、资源和能力，通过与并购企业自身的知识、资源和能力的共享和整合可以使并购企业（集团）的经营能力不断获得跃迁式成长。跃迁的幅度与目标企业拥有的知识、资源和能力状况有关，也与并购企业的并购能力尤其是整合能力有关。另外，企业并购的需要尤其是整合的需要也促使企业不断努力培养提升经营能力。

（3）并购能力可以通过学习其他企业并购经验获得提升。学习其他企业的并购经验能够提升企业的并购绩效（Francis et al.，2014）。企业可以向专业的咨询机构寻求帮助，或者模仿成功的竞争对手的某种类型的最佳实践，但是，通过这两种方式很难开发出任何能力或者内部化竞争对手的任何最佳实践活动（Singh & Zollo，1998）。企业可以通过研究专业咨询机构和其他企业的并购成功经验提升自身的并购能力，但这种获取并购间接经验的替代式学习对并购能力的提升作用有限，一方面，企业并购的相关核心资料是企业的商业机密，通常无法获得；另一方面，一个组织学到的大多数东西来自亲身经历（Ashkenas et al.，1998）。

（4）并购能力可以通过"干中学"不断提升。美国经济学家 Arrow（1962）提出"干中学"（Learning by Doing）理论，认为企业的经验、技术和知识是通过学习获得的，而学习又来自企业的实践。企业能够从自身的并购经验中不断学习（Laamanen & Keil，2008；Aktas et al.，2013；王宛秋，2015；等等）。Field 和 Mkrtchyan（2017）研究发现，拥有并购经验的董事会可以帮助企业做出更好的并购决策，董事会的并购经验与随后的并购绩效呈正相关关系，管理层的并购经验和过去并购的绩效都对随后的并购绩效产生正向影响。

在企业并购过程中，虽然每次并购的目标企业不同，但每次并购的流程基本相同，企业都会面临一些共同的问题，如：进行尽职调查；分析是否有可能的文化冲突；对目标企业和协同效应的价值进行评估；与目标企业进行谈判；筹集并购所需资金；并购后的整合。本书认为，并购能力中的并购支付子能力与并购支付方式、企业自身实力和融资能力有关，其与企业的并购经验有一定关系，但主要与企业自身的实力相关。除并购支付子能力以外的其他并购子能力均可以通过不断积累并购经验获得提升。

由于并购的复杂性,一次并购不足以让企业建立起高超的并购能力。企业需要进行多次并购才能不断积累并购的专业知识,逐步提高并购能力,并购能力的提升主要依靠企业不断的并购实战,培育并购能力需要足够的时间以及大量的并购经验(Haleblian & Finkelstein,1999;Laamanen & keil,2008)。

多次并购可以帮助企业并购人员不断积累并购的显性知识和隐性知识。对于组织而言,将知识进行编码形成知识资产,可以使企业以有限的投入获得对知识最大限度的利用(Hansen et al.,1999)。如:企业编制并购流程操作手册,并通过随后的并购实践进行检验、完善,不断提高自身的并购能力。成立于 1933 年的通用电气财务公司经过多次并购成为世界上最大的金融服务公司之一。通用电气财务公司于 1991~1996 年 5 年完成 100 多次并购,通过多次并购实践,并购方法被多次讨论、争论、检验、改变和再提炼,构建了并购循环的"财富之轮"并购循环模型指导企业的并购实践,如图 3-5 所示。

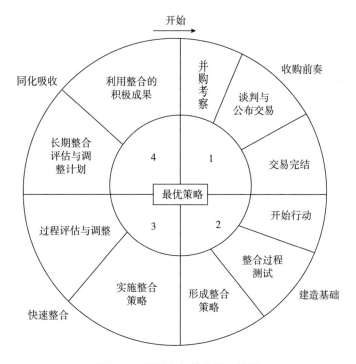

图 3-5　通用电气并购循环模型

资料来源:Ashkenas et al.(1998)。

并购循环模型的四个过程如表 3-6 所示。

表 3-6　通用电气并购循环模型的四个过程

过程	具体内容
1. 收购前奏	<ul><li>首先进行文化评估</li><li>确定阻碍并购成功的企业/文化屏障</li><li>选择整合管理者</li><li>评估企业和职能主管的长处/弱点</li><li>制定交流策略</li></ul>
2. 建造基础	<ul><li>正式介绍整合管理者</li><li>使新经理适应通用电气财务公司的企业节奏和纪律</li><li>共同制定并购计划，包括百日交流计划</li><li>让资深管理者直接参与其中</li><li>提供足够的资源并明确责任</li></ul>
3. 快速整合	<ul><li>使用过程计划，利用加速变革过程和测试来加速整合</li><li>用审计人员进行过程考核</li><li>通过反馈和学习不断修改并购计划</li><li>进行短期交换管理</li></ul>
4. 同化吸收	<ul><li>继续改进共用工具、惯例、程序和语言</li><li>持续长期交换管理</li><li>利用公司的教育中心和 GE 大学</li><li>任命审计人员进行整合审查</li></ul>

资料来源：Ashkenas et al.（1998）。

并购显性知识仅仅是并购知识的冰山一角，隐性知识占据并购知识的大部分。隐性知识不能够被编纂，只能应用和观察，通过实践获得，隐性知识在人们之间的转移是缓慢的、昂贵的，而且是不确定的（Kogut & Zander，1992）。相对于并购显性知识而言，并购隐性知识是进行并购实践的人员能够感知却不能表达的知识，不容易被竞争对手学习和模仿，企业的并购人员通过多次并购实践，不断积累丰富的并购隐性知识，是企业并购能力不断提高的重要基础。

并购远比制造、定价、分销等生产经营活动复杂得多（Barkema & Schijven，2008）。并购这种非常规的发展方式对企业能力的要求高于内部积累。对于已经进行过多次并购的企业而言，虽然经过先前的"干中学"积累了丰富的并购经验，并购能力得到增强，但由于并购具有高度复杂性，每次并购的目标企业都不同，并购企业每次并购所处的内外环境也很可能不同，企业每一次并购都是异质的投资行为,高超的并购能力会提高企业并购成功的概率,但不能保证每次并购都成功。

(5) 经营能力提升反过来促进并购能力提升。经营能力强的企业通常并购能力也强。例如:经营能力强的企业通常积累资源的能力也强,会拥有较多的银行存款、厂房、设备、土地等资源用于支付并购对价。另外,拥有较多资源的企业由于自身实力强通常融资能力也强,可以获得更多的贷款或发行更多股票进行筹资,可见经营能力强的企业通常并购支付能力也强;企业日常经营中的筹资、采购和市场开拓都会涉及与相关方面进行谈判,如果企业在日常经营中积累的谈判能力强,就会为企业的并购谈判能力提供较好的基础;整合能力也是一种并购管理能力,在日常生产经营中管理能力差的企业,整合能力必然也很薄弱。如果企业的管理能力强,则企业的人力资源素质也高,企业并购的尽职调查和并购后整合的能力通常也会强。另外,企业的生产经营能力强,能够不断创造价值,增加企业的资源,支撑企业在发展历程中进行多次并购,企业通过多次并购实践可以不断提高并购能力。虽然经营能力不同于并购能力,但经营能力强能够为并购能力提供很好的基础。可见,经营能力强的企业并购能力通常也强,提升经营能力能够促进并购能力的提升。

(6) 并购能力提升驱动企业不断通过并购创造价值。并购能力是一种动态能力,会随着企业并购次数的增加和并购经验的积累不断增强。Penrose(1959)指出,企业在利用自身资源寻求更大盈利方式的过程中,管理经验的增长,对企业资源以及通过不同方式使用这些资源的认识水平的提高,都将为企业创造进一步扩张的动力。根据企业能力理论,能力天生是用来创造价值的。并购能力是一种高级企业能力,这种能力的价值创造功能巨大,具有较强的并购能力意味着企业具有更高的价值获取和价值创造能力。企业是逐利的,企业拥有并购能力这种具有竞争优势的能力,必然试图用这种能力来进行价值创造。企业通过不断并购积累丰富的并购经验,并购能力逐步提升,必然驱动企业不断地进行并购。

3.6 企业系列并购价值创造失败的原因分析

企业并购是一个复杂的系统工程，是许多方面、环节、步骤的严密组合，具有很强的综合性。并购作为一项高风险的投资活动是把双刃剑，既可以为企业创造巨大的价值也可能毁损企业价值甚至使企业面临灭顶之灾。一流的咨询公司研究指出，高达 2/3 的并购没有达到预期的成本节约、收入增长和其他能够增加股东财富的协同效应（Barney，1986）。并购投资战略是一把"双刃剑"，成功的并购可以使企业快速实现规模扩张，增强企业实力，获得竞争优势。失败的并购可能使企业元气大伤，甚至将企业拖入万劫不复的境地。企业系列并购失败既可能有与企业单次并购失败相同的具体并购技术方面的原因，还可能有企业系列并购战略失误的战略方面的原因。

3.6.1 系列并购价值创造失败的技术原因

李玮和宋希亮（2007）认为，并购失败的原因主要有三个：目标企业选择错误、支付过多及整合不力。罗福凯和邓颖（2012）认为，企业并购失败的原因有很多，根本原因是管理者对并购的盲目冲动，以及缺乏对并购目的和可行性的深入分析。Papadakis（2007）指出并购失败可能的原因很多，包括缺乏清晰明确的战略、缺乏充分的尽职调查、目标公司选择不正确、支付过高的并购对价、缺乏沟通、文化冲突、改变的外部环境条件、整合困难、不能获得协同效应等。

并购是企业的一种高风险成长战略，是企业的巨型投资、一揽子的综合交易，并购没有预演，不可能有彩排。因而并购是最大的风险投资（张秋生，2010）。企业是一个复杂的资源和能力的集合体，由于企业并购能力有限，加之信息不对称，致使企业很难正确识别出与自身的资源产生协同效应的目标企业。主并企业即使能正确识别出与自身资源匹配的目标企业，但并购后并购双方通过资源整合能够增加的价值有多大，支付给目标企业的并购对价的最高限度是多少仍是个很复杂的问题。而且，即使通过支付合理的并购对价拥有了目标企业有价值的稀缺资源也不一定能够获得"1+1>2"的价值创造结果，因为这些资源必须得到有效整合才能产生竞争优势为企业创造价值，而改变存在的资源组合和变更企业的能力是一项复杂艰巨的工作。并购整合要重新配置资源，进行能力的重新组合，如果配置效果不佳反而会损害企业的能力。可见，企业并购是一个复杂的系统工程，涉及目标企业选择、并购筹资支付、并购谈判、并购整合等多个环节和步骤的严密组合，每个环节的综合性和难度都很大，如果某个环节出了问题，就可能导致整个并购的失败。

并购是企业最复杂的投资活动，企业并购能力的有限性加之并购的高度复杂性，导致并购失败频繁发生。并购失败可能有很多原因，本书根据文献资料整理出企业并购价值创造失败的主要技术原因，如表3-7所示。

表3-7　企业并购价值创造失败的主要技术原因

并购前	并购后
缺乏明确的目标	缺乏领导
缺乏彻底的尽职调查	缺乏中层管理人员参与
目标公司选择不正确	缺乏内部沟通
支付过高的溢价	无法为客户一如既往地提供服务
缺乏整合计划	文化冲突

资料来源：作者整理。

3.6.2　系列并购价值创造失败的战略原因

贝恩咨询公司董事会主席 Gadiesh 指出：并购成功从来都不容易，企业并购失败的原因有很多，例如：支付过多的溢价、不充分的整合计划、缺乏沟通、文化不匹配，最主要的失败原因是站不住脚的战略理由，正确的战略合理性对于企业并购而言是至关重要的（Gadiesh & Ormiston，2002）。企业系列并购失败除了技术原因外，从系列并购整体来看，主要还有不以生产经营为主、并购频率过高和过度多元化三大类，很多企业系列并购的失败是三类原因兼而有之。

（1）不以生产经营为主。企业管理者由于意识到成功的并购可以使企业实现跨越式发展，为企业带来巨大的财富，因此可能将主要精力放在不断并购上。由于并购的高度复杂性和重要性，每一次并购都会耗费企业管理层大量的精力，相应的用于日常生产经营上的精力就会减少。另外，企业的资源是有限的，并购需要支付大量的并购对价，如果将大量资源投入企业并购，用于研发、购买新机器设备、市场开拓等生产经营方面的资源就会相应减少，长此以往会导致企业生产经营不断恶化。

企业的成长战略要在开发利用已有的资源和发展新资源之间平衡（Penrose，1959）。企业通过并购是为了支配更多的资源，通过配置企业已有的资源和并购获取的资源，提升生产经营能力，创造更大的价值。并购的目的是为生产经营获得更多的资源，提升生产经营能力，并购本身并不直接创造价值，而是通过提高生产经营能力创造价值。企业实施系列并购战略，通过并购不断提升生产经营能力，从而持续地获得和保持竞争优势，但系列并购本身并不能直接使企业获取或保持竞争优势，创造更大的价值，生产经营是企业的根本所在，并购的目的是提高企业的生产经营能力，如果不能够平衡好日常生产经营和并购之间的关系，为了并购而并购则是舍本逐末。

（2）并购频率过高。并购企业的每一次并购都是一次代价高昂的重大变革。并购的频率过高，并购企业控制的资源在短时间内不断增加，很难有足够的精力同时对多个企业进行并购整合，造成"消化不良"。Laamanen 和 keil（2008）研究发现并购频率及其变化（its variability）与并购企业绩效负相关。另外，构建并购能力需要足够的时间理解和学习过去并购的经验（Zollo & Winter，2002）。而且，企业的资源既是企业扩张的诱因，同时又限制着企业的扩张速度（Penrose，1959）。每次并购企业通常需要支付大量的并购资源对价，我国目前的主要并购支付方式是现金支付，企业并购需要支付大量的资金，通常需要大量外部借款筹资，频繁并购会使企业的资产负债率不断增加，给企业的生产经营带来巨大的压力，也加大了企业不能到期偿还债务本金和利息资金链断裂最终导致企业破产的财务风险。

企业的边界取决于企业管理者拥有的知识和管理能力（Prnose，1959）。企业并购具有迅速扩大规模，从而获得市场势力、规模经济、范围经济等优势，但如果并购频率过高，不能及时有效地整合，当企业规模的扩大超出了其有效边界，又会造成企业成本升高、效率低下等规模不经济。那些在短期内迅速做大的企业，尤其是民营企业，大多都昙花一现（李焰等，2007），国外的世界通信公司和我国的德隆系都是急速扩张失败的典型案例。不过，有时并购的机会可能稍纵即逝，如果不加快并购的频率，目标企业可能被竞争对手捷足先登，所以并购企业要综合权衡自身的并购能力，在并购收益与并购风险之间权衡，以获得最大收益。

（3）过度多元化。Rumelt（1974）从生产相似的产品、具有相似的市场、使用相似的技术三个方面将企业的业务分为相关业务和非相关业务。后来学者们将 Rumelt 的分类方法引入并购研究中，将并购分为相关并购和非相关并购。非相关并购是与原有行业不相关的并购，也称为多元化并购或跨行业并购。同一行业或相关行业内的企业由于生产经营过程的相似性通常拥有相似的资源和具有相近的企业能力体系，在本行业或相关行业内并购由于对行业特点比较了解，通常与目标企业间彼此也比较熟悉，并购的风险相对较小。但企业可能因为所在行业是成熟的行业或竞争激烈利润摊薄的行业，通过系列并购进入利润丰厚的行业或新兴产业以降低经营风险，获得更大价值。企业通过多元化并购可以同时获得厂房、机器设备、技术、人员等一揽子跨行业资源，快速进入其他行业，但各行业由于知识、技术、生产流程不同，并购企业拥有本行业的知识、生产流程管理能力等在其他行业通常并不适用，例如：医药行业并购企业拥有本行业许多专利技术和很强的研发能力，并且拥有先进的生产经营流程管理能力，如果企业进军房地产行业，并购企业的这些专利、研发能力和先进的生产经营流程管理能力都无法运用于处于房地产行业的目标公司。由于企业不能够运用他们的知识有效整合与本企业业务不相关的目标企业，非相关多元化并购会增加企业的管理成本（Aktas et al.，2013）。由于目标企业拥有的资源、资源组合和价值创造能力体系与并购企业有很大差别，对目标公司进行识别、尽职调查、估价和并购后的整合都比同行业并购难度更大。

近年来我国上市公司在国内发起的多元化并购事件占境内并购事件比例达到62.5%（张耕和高鹏翔，2020）。换言之，国内上市公司越来越倾向通过对外并购促进多元化战略。多元化决策是一个较为复杂的问题，既受到外部环境的影响，也受到企业自身条件的制约，它往往是企业综合考虑宏观经济形势、企业所处行业的发展前景以及自身实际情况等一系列主客观因素后作出一种战略性选择（洪道麟和熊德华，2006）。多元化扩大了公司的业务领域，但同时带来风险和不确定性（Levitt & March，1988）。跨行业并购则不仅不利于实现并购后的企业协同效应，还可能使并购企业陷入资源难以整合的窘境，减损企业价值（余婕和董静，2023）。但 Ekkayokkaya 和 Paudyal（2015）实证研究发现，企业多元化并购程度与股东财富之间呈倒"U"型关系。相对于通过内部扩张多元化，企业通过并购多元化没有充分的时间规划多元化后续的变化，新的单位整合到企业内部也相对困难（Hornstein & Nguyen，2014）。企业拟通过并购进入的通常是战略性新兴行业，这些行业虽然具有巨大的市场需求潜力和高回报预期，但同时也具有高风险高回报的特点。企业可以为了自身的战略目的，根据自身的能力尤其是管理能力适度多元化，但不能无节制，超出自身的知识和能力的掌控范围。

具有并购意愿的企业不一定具有并购能力（张秋生，2010）。企业具体的（specific）能力决定了企业可以用来创造新能力的战略选择的范围（Penrose 1959）。一些系列并购者比其他系列并购者做得好，是因为他们积累的并购经验和高超的并购能力（Laamanen & keil，2008；Trichterborn et al.，2016）。企业并购是不经常发生的、异质的、复杂的事件（Singh & Zollo，1998）。由于企业并购具有的高度复杂性，并且每次并购的目标企业都不同，并购企业的状况和外部环境也很可能不同，即使有并购经验的企业也可能并购失败，并购失败可能是很多原因造成的。并购是企业的一项高风险并且可能伴随高回报的投资活动，在注意到并购能够帮助企业快速成长能够帮助股东获得巨大财富的同时，不可忽视并购可能包含的巨大风险。企业实施系列并购战略的同时一定要关注可能导致系列并购失败的环节，防范实施系列并购战略可能给企业带来的风险。

3.7 本章小结

在目前竞争激烈的环境中，企业必须不断调整和提升自身经营能力。并购是快速提升经营能力的重要手段。并购能力是企业运用自身积累以及从企业外部筹集的资源进行并购活动，提高企业的经营能力，从而创造价值的能力。并购能力分为并购战略规划能力和并购战略执行能力，并购战略执行能力进一步细分为并购支付能力、目标企业识别能力、并购价值评估能力、并购谈判能力、并购整合能力五个子能力要素。

经营能力和并购能力共同驱动企业系列并购的价值创造，本章构建"双力驱动价值创造模型"阐释企业系列并购的价值创造机理，企业运用并购能力进行并购，通过与目标企业间知识、资源的共享和交流，通过资源的配置重组，形成新的资源组合，快速提高并购双方的经营能力，从而创造更大的价值，也为企业下次并购积累了更多的物质资源。企业通过并购实践不断提高并购能力，企业运用提升的并购能力进行下一次并购，再次快速提升经营能力，从而创造价值，这样不断循环。并购能力和经营能力相互促进、相互影响，共同为企业创造价值。并购能力并不直接创造价值，而是通过提升经营能力创造价值，并购能力是价值创造间接能力，经营能力是价值创造直接能力。

经营能力可以通过内部积累获得提升也可以通过系列并购不断获得跨越式提升。并购能力可以通过学习其他企业的并购经验获得提升，更主要的是通过"干中学"不断获得提升，另外，经营能力的提升也会促进并购能力的提升。

企业进行系列并购可能获得巨大的价值，但也可能并购失败。企业系列并购失败除了有技术原因外，还有不以生产经营为主、并购频率过高、过度多元化三大类战略原因。

4 不同绩效水平企业系列并购
动因及价值创造

本章首先分析成功的企业系列并购可能会获得"珍珠项链效应"。其次分析企业系列并购两种典型模式的具体特点。再次运用行业生命周期理论对系列并购目标企业通常所在行业的生命周期阶段进行分析。最后运用系列并购的"双力驱动价值创造模型"进一步分析经营效率高和经营效率不佳两类典型企业的系列并购动因、系列并购的价值创造机理和价值创造特点。

4.1 系列并购的"珍珠项链效应"

企业实施系列并购不仅可以获得与单次并购相同的价值转移效应,而且通过与多个目标企业共享知识、资源和能力,还可以获得更高的价值创造效应。举例如下:有 A、B、C、D 4 个企业,假设 4 个企业各自创造价值的数量都为 1。假设 A 企业并购 B、C、D 这 3 个企业中的任何一个都能创造价值,创造价值数量为 0.5,则 A+B=2.5>2,A+C=2.5>2,A+D=2.5>2,价值增加为 7.5-6=1.5。而如果 A 企业依次并购 B、C、D 这 3 个企业,由于在更大范围内实现规模经济、范围经济和市场势力,则可能产生 A+B+C+D>10 的价值创造效应,创造价值数量远远超过 1.5。

名不见经传的框架传媒于 2005 年初估值近 3200 万元(经独立第三方财务公司评估)。2005 年 2~9 月,框架传媒仅用 8 个月一举并购全国所有 8 家主要竞争对手,从而使框架传媒在电梯平面媒体市场上占据90%以上的份额。2005年10月分众传媒以现金加股票期权约1.83亿美元收购框架传媒,一年后结算时,实际成交价格高达6.5亿美元,约合人民币40亿元。分众传媒创始人董事长江南春这样评价框架传媒的收购:谭智(框架传媒董事长)通过对框架的整合收购而使得新框架所爆发出的增值,让我看到了资本市场上兼并收购的重要性。那些公司是一粒粒分散的珠子,而谭智通过收购把它们整编在一起,这些分散的珠子就串成了一串珍珠项链,就能表现出比珠子更高的价值。把珠子串成珍珠项链,这就是整合的力量。它是一种价值的飞跃,不是简单的叠加,而是量变后的质变(胥英杰和李平,2008)。

"珍珠项链效应"是对成功的系列并购能够产生强大的规模经济、范围经济和市场势力的形象比喻。由于相同或相近的行业拥有相似的知识、资源和能力,更容易产生规模经济、范围经济和市场势力,通常横向系列并购或相关行业系列并购更可能取得"珍珠项链效应"。

4.2 "间隔型"和"连续型"系列并购模式的特征分析

如果将单次并购分为两个阶段,一个阶段是目标企业获取阶段,另一个阶段是目标企业整合阶段,则企业系列并购有两种典型模式。一种是"目标企业1获取—目标企业1整合—目标企业2获取—目标企业2整合……"模式,本书称为"间隔型系列并购模式"。另一种是"目标企业1获取、目标企业2获取……目标企业n获取—目标企业1、目标企业2……目标企业n整合"模式,本书称为"连续型系列并购模式"。采用"间隔型系列并购模式"是并购一个企业就整合一个企业,整合完再并购,再整合,这样循环。"间隔型系列并购模式"下,各单次并购之间的时间间隔相对较长。采用"连续型系列并购模式"是先集中主要精力在较短时间内将多个目标企业纳入囊中,然后再集中精力一起进行整合。

企业在系列并购期间,可能在不同阶段采用不同的系列并购模式,也可能采用或者主要采用两种系列并购模式中的一种。例如:青岛啤酒系列并购历程中,主要采用的是"连续型系列并购模式",特别是1997~2001年每年都并购至少两家以上目标企业,这个阶段的系列并购模式是典型的"连续型系列并购模式"。

采用"间隔型系列并购模式",企业的并购支付压力、财务风险都相对较小,并购企业有充分的时间吸收总结过去几次并购的经验,以及失败的教训,可以针对上一次并购出现的问题,调整并购战略,不断修改并购计划,有效提升并购能力子能力要素的各个环节。并购经验不够丰富、并购能力不强的企业更适合采用"间隔型系列并购模式"。

"连续型系列并购模式"下,由于短时间内进行多次并购,要在短时间内支付大量的并购对价资金,企业的资金压力大,这种并购模式可能给并购企业带来巨大的财务风险。由于在短时间内进行多次并购,没有充分的时间消化总结前次并购的经验和教训。在频繁获取目标企业阶段,管理层要耗费大量精力在并购上,可能无暇顾及生产经营,造成并购企业的经营能力下降。但有时考虑到"递减的机会集"因素,竞争对手也可能采用系列并购战略,企业如果不及时进行并购,目标企业可能被竞争对手并购。采用"连续型系列并购模式"可以抢先将目标企业收入囊中,落袋为安。相对于"间隔型系列并购模式",采用"连续型系列并购模式"更要充分权衡系列并购的收益和风险。通常并购经验丰富、并购能力强的企业可以考虑采用"连续型系列并购模式"。

4.3 系列并购的目标企业所在行业分析

企业持续竞争优势来自企业所处的产业环境、企业所拥有或控制的战略资源和持续性创新(蒋学伟,2002)。行业是介于宏观环境和公司特征层面之间、生产和提供统一产品的所有厂商的总体,行业特征是影响企业发展最直接、最重要的环境因素(肖虹,2006)。企业所处的产业环境对其盈利水平具有重要影响(赵定涛和雷明,2006)。行业生命周期理论认为任何行业都会经历引入阶段、成长阶段、成熟阶段和衰退阶段。行业生命周期阶段的划分方法,有销售收入增长率法、行业内厂商数量法、行业产出变化衡量法、增长率产业分类法等(刘焰,2017)。

范从来和袁静(2002)采用增长率产业分类法,比较行业在两个相邻时期

(1987~1993 年和 1994~2000 年两个时期) 的增长率与相应时期所有产业部门的增长率 (国民经济 GDP 的增长率), 如果该行业的增长率在两个时期都高于平均增长率, 或者是前一时期接近平均增长率而后一时期大大高于平均增长率, 则为成长性行业; 如果前一时期高于平均增长率, 后一时期增长率逐渐低于平均增长率, 则为成熟性行业; 如果两个相邻时期的增长率都低于平均增长率, 则为衰退性行业。经计算得到我国上市公司各产业部门相邻时期的增长率, 如表 4-1 所示。

表 4-1　我国上市公司各产业部门相邻时期的增长率　　　　单位:%

产业部门	1994~2000 年的增长率	1987~1993 年的增长率	产业类型
GDP	9.20	9.67	
农林牧渔	3.76	4.20	衰退性
采掘业	7.28	14.75	成熟性
食品饮食烟草	6.50	10.15	成熟性
纺织服装皮革	3.64	8.58	衰退性
木材加工	8.74	10.29	成熟性
造纸印刷	8.46	10.55	成熟性
石油化学塑胶塑料	9.72	13.70	成长性*
金属非金属	1.91	19.48	成熟性
机械仪器仪表	5.43	14.49	成熟性
电子通信设备制造	22.90	13.73	成长性
生物医药	9.50	11.98	成长性
电气水的生产供应	12.56	15.88	成长性
建筑业	8.10	9.61	衰退性*
邮电通信、运输仓储	10.43	10.10	成长性
餐饮、批发和零售贸易	7.26	5.56	衰退性*

注: * 表示参考文献作者认为产业部门所属类型有待斟酌和调整。

资料来源: 范从来和袁静 (2002)。

姜付秀和刘志彪 (2005) 借鉴范从来和袁静 (2002) 的研究, 考虑相关具体现实情况, 对上市公司所在行业的性质分类做了少量调整, 将石油化学塑胶塑料产业划分为成熟性行业, 将建筑业划分为成熟性行业, 将餐饮和批发零售贸易划分为成熟性行业，考虑到当时的房地产行业在我国具有强劲的增长势头，已经成为当时我国国民经济的重要支柱产业之一，将房地产行业划分为成长性行业，得出上市公司行业分类，如表4-2所示。

表4-2 上市公司行业分类

行业性质	行业名称
成长性行业	电子通信设备制造，生物医药，电气水的生产供应，邮电通信，运输仓储，房地产
成熟性行业	采掘业，食品饮料，木材加工，造纸印刷，石油化学塑胶塑料，金属非金属，其他制造业，机械设备仪表，建筑业，餐饮，批发零售贸易，综合类
衰退性行业	农林牧渔，纺织服装皮革

资料来源：姜付秀和刘志彪（2005）。

刘焰（2017）借鉴范从来和袁静（2002）的研究，采用增长率产业分类法划分上市公司所在的行业生命周期。选择2000~2007年作为前一阶段，2008~2015年作为后一阶段，计算得出上市公司行业分类如表4-3所示。

表4-2 上市公司行业分类

行业性质	行业名称
成长性行业	采掘业、食品饮料、石油化学塑胶塑料、医药生物制品、电气水的生产和供应业、建筑业、批发和零售贸易、房地产业
成熟性行业	造纸印刷、电子通信设备制造、金属非金属、机械设备仪表、信息技术业
衰退性行业	农林牧渔、纺织服装皮毛、交通运输仓储业

资料来源：刘焰（2017）。

通过学者们的研究结果可以看出，随着时间的推移，行业所处的生命周期是不断变化的。根据行业生命周期理论，衰退性行业是社会需求减少的行业，因此，目标企业是衰退性行业企业的系列并购较少。企业系列并购的目标企业会较多处于成长性行业和成熟性行业，尤其是较多处在成长性行业。由于成熟性行业的投资机会不多，发展空间比较小，发生在成熟性行业的系列并购主要是行业内具有优势地位的企业进行的消灭竞争对手，进一步利用规模效应和市场势力的相关系列并购。成长性行业增长速度快，发展空间大，发生在成长性行业的系列并购既有行业内或相关行业企业为了进一步扩大规模而进行的相关系列并购，也有其他行业企业以进入成长性行业为目的而进行的非相关系列并购。

4.4 高经营效率企业系列并购的价值创造

4.4.1 高经营效率企业系列并购动因

经营效率高的企业通常处于成长性行业或成熟性行业。这类企业的经营能力体系中的各方面能力包括核心能力通常都很强，人力资源素质也高，价值链几乎没有薄弱环节，创造价值的速度快，往往是行业内拥有强势地位的企业。这类企业如果不进行并购，只靠内部积累提高经营效率的空间很有限。这类企业的股东尤其是大股东不希望将企业获得的利润分配给股东，因为股东很难将获得的现金股利投资于获利能力更高的项目。如果不将获得的利润发放给股东，企业就会累积大量的闲置资金。这样企业就迫切需要将闲置资金投放出去为股东创造更大的价值，否则企业的价值创造效率会由于闲置资金的不断增多而不断下降。如果采用"绿地投资"的方式则需要很长时间才能获得回报，这类经营效率高的企业往往会采用系列并购的方式为股东创造更大的价值。正如 Lang et al.（1991）所发现的，收购公司通常有大量的自由现金流和较低的负债。

这类企业进行系列并购可以同时达到三个目的：一是将自身的优秀能力尤其是核心能力复制给尽可能多的目标企业，将自身的优秀能力作用到更多资源上以创造更大的价值。二是能够获得规模经济和范围经济。三是能够消灭竞争对手，获得市场势力，从而创造更大的价值。

（1）复制自身优秀能力。通过系列控股并购的方式，母公司可以运用较少的资源控制所并购的子公司较多资源，达到资源控制的杠杆效应。例如：甲企业分别并购乙和丙两个企业，乙企业和丙企业按照资产和负债的公允价值计算的资产负债率均为50%。乙企业净资产的公允价值为5000万元，总资产为1亿元，丙企业净资产的公允价值为3000万元，总资产为6000万元，甲企业通过购买乙企业和丙企业各51%股权达到对这两个企业的绝对控股，甲企业需付出对价为

（5000+3000）×51%＝4080 万元。甲企业支付 0.408 亿元的并购对价，获得了控制乙企业和丙企业 1.6 亿元资源的权利。La Porta et al. （1999）通过对全球 27 个国家大公司的金字塔式股权结构进行分析后指出，要达到控制的目的，大多数情况下并不需要持股比例超过 50%，因为大多数中小股东并不会参与股东大会的投票，一般情况下，拥有一个公司 10%~20% 的股票就可以控制这个公司。可见，企业进行系列并购，获得的控制资源的杠杆效应非常显著。

经营效率高的企业进行系列并购，通过付出较少的资源控制更多的资源，通过对目标企业整合，向目标企业输入并购企业优秀的知识和资源，最终将自身的优秀能力复制给目标企业，从而提高目标企业的经营效率（价值创造效率）和经营能力。

（2）获得规模经济和范围经济。经营效率高的企业进行系列并购通过与目标企业共享知识、资源和能力，不仅能够通过向目标企业输送自身优秀的知识、资源和能力，提升目标企业的经营效率和经营能力，而且系列并购完成后原先彼此独立的多个目标企业置于并购企业统一控制管理之下，目标企业可以共享并购企业优秀的知识、资源和能力，尤其是核心能力，如：共用并购企业的研发中心，共用并购企业的销售渠道。通过并购企业更有效率地组织和利用企业集团中成员企业的全部资源，还能降低单位成本，获得规模经济和范围经济。

（3）消灭竞争对手获得市场势力。在行业中处于强势地位的企业可以通过采取一系列相关并购的战略方式减少竞争对手，同时，企业规模的扩大也能够提高对行业原材料市场和产品市场的定价能力，提高企业在行业内的竞争力。

如图 4-1 所示，左侧最小的圆表示经营效率高的企业最初的经营能力，经营能力几乎没有缺口或者短板。随着并购次数的增加，圆的面积越来越大，表示通过系列并购控制更多的资源，将自身的优秀能力复制给目标企业，并且能够同时获得规模经济、范围经济和市场势力，企业（集团）完成一次成功的并购整合后就会相对并购前发生一次经营能力的跃迁。

企业并购通过改变企业的经营效率和企业控制资源的数量创造价值。经营效率高的企业进行系列并购主要是通过增加企业所控制资源的数量和提高目标企业的经营效率创造价值。

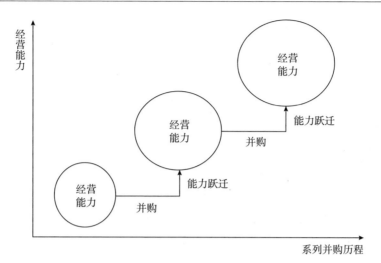

图 4-1 高经营效率企业成功系列并购经营能力变化趋势

4.4.2 高经营效率企业系列并购价值创造机理

高经营效率企业往往处于有前景的成长性行业，或者是传统的成熟性行业中具有优势地位的企业。这类企业往往会选择在在本行业内或在相关行业进行系列并购。例如：生物医药行业属于成长性行业，国药一致（00028）是生物医药行业中经营效率比较高的企业，国药一致进行的系列并购均为生物医药行业内并购。华新水泥（600801）处于成熟性行业建筑业，是经营效率比较高的企业，华新水泥进行的系列并购均是行业内并购。被并购的目标企业往往是行业内中小规模企业，甚至是一些生产效率低下的亏损企业。目标企业某些方面的能力可能强于并购企业，但整体的经营效率通常低于并购企业。购买这类企业支付的并购对价往往较低。特别是可以支付较少的对价购买一些经营不善的目标企业，并购企业在选择目标企业时看中的通常是目标企业包括厂房、机器设备等在内的成套经营资产、地理位置和一揽子生产经营人员。

高经营效率企业的市场敏感性强，比别的企业更能够发现市场机会和潜在的市场需求，是行业的领先者，对于选择什么样的目标公司进行并购，通常也会有更好的判断力。并购企业由于拥有较多的资源包括现金资源，并购支付能力较强。企业的管理、营销等能力都很强，给并购能力提供了很好的基础，这类企业的并购谈判能力、并购整合能力通常也相对较强。因为在同行业或相关行业内进行并购，互相比较熟悉，信息不对称的问题相对较小，并购价值评估、并购谈判甚至并购后的整合都相对容易。系列并购的整合过程主要是并购企业向目标企业输出知识、资源和能力的过程，并购整合要解决的主要问题是如何将并购企业优秀的知识、资源和能力复制给目标企业。对目标企业有效整合的需求也刺激并购企业不断提高培养经营能力尤其是管理能力。经过一段时间的整合，目标企业的经营效率会得到提高，但要达到同并购企业一样的高效率往往需要很长时间。

经营效率高的企业采用两种不同系列并购模式，企业系列并购的价值创造效应的具体特征有所不同。

（1）"间隔型系列并购模式"的价值创造效应。如图4-2所示，经营效率高的企业如果采用"间隔型系列并购模式"进行系列并购，系列并购期间是由一次次完整的并购过程组成。在进行每一次并购时，由于并购进入企业（集团）的目标企业经营效率相对比较低，每一次并购整合需要的时间都比较长，造成整个企业（集团）在一段时期内经营效率有所下降。经过一段时间的整合，由于并购企业的优质资源和能力的输入，目标企业的经营效率会不断提高，导致整个企业（集团）的经营效率也会不断提高。另外，企业进行并购可以获得规模经济、范围经济和市场势力，成功进行并购整合后，由并购企业和目标企业组成的企业（集团）的经营效率比并购企业并购前的经营效率更高。每一次并购由于有前一次并购积累的经验，并购能力得到提升，加之企业规模不断扩大，在系列并购的目标企业规模、经营效率等其他情况相差不大的前提下，并购后企业（集团）的经营效率下降幅度都相对前一次并购有所减小，经营效率的上升速度相对于前一次并购都有所提高。随着并购次数的增加，整个企业（集团）经营效率呈下降、缓慢上升、再下降、再缓慢上升的波浪式上升趋势。

图4-2中超出系列并购前经营效率的虚线提高部分，是由于系列并购获得规模经济、范围经济和市场势力，从而降低成本、费用等导致的并购后企业（集团）经营效率较系列并购前企业（集团）有所提高。虚线提高的部分随着并购次数的增加一次比一次多，是因为在达到最佳企业（集团）规模的前提下，随着并购次数的增加，企业（集团）的成员企业越来越多，能够不断在更大范围内共享知识、资源和能力，从而在更大范围内获得规模经济、范围经济和市场势力。

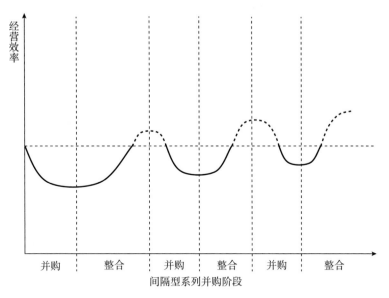

图 4-2 高经营效率企业成功"间隔型系列并购"经营效率变化趋势

由于并购后并购企业（集团）控制的资源数量的增加，在并购后企业（集团）的经营效率还没有达到并购企业并购前的经营效率的某个点时，企业（集团）就开始能够为股东创造更大的价值。

（2）"连续型系列并购模式"的价值创造效应。如图 4-3 所示，经营效率高的企业如果采用"连续型系列并购模式"，系列并购期间由目标企业获取阶段和并购整合阶段两个阶段组成。在目标企业获取阶段，短时间内获取多个目标企业，并购企业的人力、物力和财力主要用于并购，用于提高生产经营能力的精力相对较少，并购企业自身的经营效率可能会降低。更主要的是由于目标企业的经营效率本身不高，加之并购企业的主要精力用于获取下一个目标企业，没有足够的精力对并购后的目标企业进行有效的整合。这段期间由于短时间内并购众多经营效率相对较低的中小企业，企业（集团）整体经营效率会在短时间内迅速降低。在连续并购获取目标企业之后，并购企业进入集中精力整合所并购的一系列目标企业的阶段。由于并购企业优质的知识、资源和能力的输入，目标企业的经营效率会不断升高。由于企业整合需要耗费大量时间和精力，同时整合多个目标企业更是难度巨大，这段期间企业绩效呈现缓慢上升趋势。图 4-3 经营效率的虚线上升部分表示由于系列并购后获得规模经济、范围经济和市场势力，从而降低单位成本、费用等导致企业（集团）经营效率较系列并购前提高的部分。这样整个企业（集团）在并购期间的经营效率呈现为在较短期间急速下降、在较长期间缓慢上升的趋势。

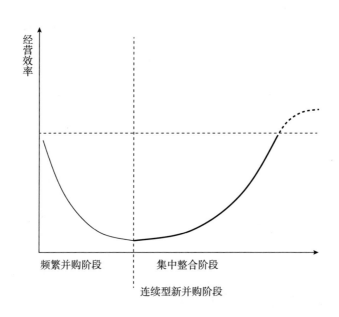

图4-3　高经营效率企业成功"连续型系列并购"经营效率变化趋势

采用"连续型系列并购模式"，在目标企业获取阶段，虽然并购企业控制的资源不断增加，但由于并购后整个企业（集团）经营效率的降低，企业（集团）创造的价值很可能比系列并购前少。进入并购整合阶段后，由于系列并购后企业（集团）资源数量的增加，当经营效率提高到低于并购前经营效率的某个点时，企业（集团）就能够比系列并购前创造更大的价值。

经营效率高的企业进行系列并购选取的目标企业通常是经营效率不太好的同行业企业，并购这类经营状况不好的企业支付的对价会比较低，但是并购后整合成本相对会高一些。经营效率高的企业本身好比一颗价值高的大珍珠，成功实施系列并购产生的"珍珠项链效应"是把散落的珍珠，甚至是有些缺陷的珍珠清洗、抛光后，与大珍珠一起串成质量上乘、价值及效用更高的珍珠项链。

4.5　经营效率不佳企业系列并购的价值创造

4.5.1　经营效率不佳企业系列并购动因

核心能力是企业价值创造最关键的能力，根据木桶理论，企业经营能力中其他非核心能力短板也会影响企业价值创造。经营效率（价值创造效率）不佳的企业，往往缺乏核心能力或有严重能力短板，这类企业的价值链有薄弱环节。企业并购是获得核心能力的一种最有效、最直接的战略（姚水洪，2005）。如图4-4所示，这类企业进行系列并购的主要目的是通过系列并购不断补足自身经营能力的缺口，提高经营效率，早日摆脱经营状况不良的窘境。这类有能力进行系列并购的企业通常规模较大，并购的目标企业往往是拥有某些并购企业欠缺的能力的中小型企业。经营效率不佳的企业在通过系列并购逐步补足自身能力缺口的同时，由于目标企业的不断加入，也获得了产能增加、人员增加等规模扩大效应。如图4-4所示，随着并购次数的增加，代表企业经营能力的圆的缺口越来越小，而且圆的面积越来越大，表示经营效率不佳的企业成功进行系列并购不仅能够不断缩小自身经营能力的缺口和不足，而且能够获得经营能力数量的增加。

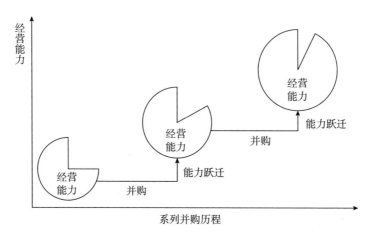

图4-4　经营效率不佳企业成功系列并购经营能力变化趋势

虽然经营效率不佳的企业进行系列并购企业（集团）的资源数量也会增加，但经营效率不佳的企业进行系列并购主要是通过提高经营效率来创造价值。

4.5.2 经营效率不佳企业系列并购价值创造机理

企业价值创造效果不佳，除自身原因外，与其所处行业的盈利性也有一定关系。成熟行业尤其是处于衰退阶段的行业往往竞争激烈、利润薄。企业多元化理论认为，当现存的市场盈利性降低或者新市场的前景更加诱人时，企业可以实施多元化经营（Penrose，1959）。对于经营效率不佳的企业，由于已经积累了一定的行业经验，如果其处于发展空间比较大的新兴行业，则这类企业通常会通过在本行业及相关行业进行系列并购以弥补自身的能力缺口。如：闽东电力（000993）经营效率不佳，自 2006 年以来，净资产收益率一直很低，大多数年份低于 5%，闽东电力实施的系列并购主要是行业内并购，如 2008 年收购万顺水力发电有限公司 100% 股权，2010 年收购营口风力发电公司 86.13% 股权，2012 年收购屏南旺坑水电有限公司 90% 股权，2013 年收购白城富裕风力发电有限公司 100% 股权。如果所处行业是成熟性行业或衰退性行业，并且有能力进行系列并购，并购企业则往往会选择通过系列并购进入发展前景广阔、市场机会更多、利润率比较高的新兴行业。通过对备选行业存在的市场机会进行分析，考虑自身的知识、资源和能力现状，通过实施系列并购战略弥补自身进入新行业的能力缺口。同时也促进了资源由衰退性行业向新兴行业的流动，缓解成熟性行业和衰退性行业中的过度竞争，消化相对过剩的生产能力。

与经营效率高的企业实施系列并购主要是向目标企业输送知识、资源和能力不同，经营效率低的企业发起的系列并购更多的是希望将外部的知识、资源和能力引入企业内部，从目标企业那里获得自己所缺少的能力，补足自身的能力缺口。这类企业如果有能力进行并购，不论在行业内实施系列并购还是跨行业实施系列并购，都会先补足自身能力缺口所需要的知识、资源和能力，综合权衡自身的并购支付能力和并购整合能力，以确定待选目标企业。这类企业通常选择规模相对较小，能弥补自身能力缺口，与自身知识、资源和能力能够互补的目标企业。选取的目标企业经营效率往往比并购企业高，因为比并购企业经营效率更差的企业通常也不会有并购企业需要的能力。购买这类目标企业通常需要支付一定的并购溢价。

并购过程包括许多相互关联、环环相扣的子活动，如尽职调查、谈判、融资和整合，每一个子活动本身都很复杂（Hitt et al.，2001）。并购企业必须有足够的能力，尤其是管理能力，才驾驭得了系列并购。非相关行业并购对企业的并购能力要求更高，因为处于不同的行业，彼此之间不熟悉，对目标企业的识别、尽职调查、价值评估、并购后整合都相对更难。经营效率不佳的企业由于自身价值创造能力较弱，通常货币资金较少，并购支付能力也不强，如果通过负债筹资的方式支付系列并购对价，会导致较高的财务风险。由于并购企业自身实力不强，管理能力通常也不强，因此并购整合能力相对也不会强。这类经营效率不佳的企业实施系列并购战略往往更加需要相关咨询、投行等中介结构的帮助。对这类企业而言，"连续型系列并购模式"的并购风险比经营效率高的企业大得多，这类企业更适合采用"间隔型系列并购模式"。

如图4-5所示，这类企业如果能够成功实施系列并购战略，不论是采用"间隔型系列并购模式"，还是采用"连续型系列并购模式"，并购后由于多个目标企业的优质的知识、资源和能力的输入和共享，系列并购后形成的新的企业（集团）的经营效率会较快得到提升。

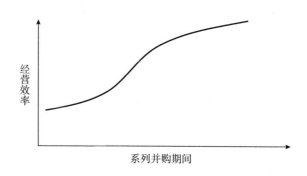

图4-5 经营效率不佳企业成功系列并购经营效率变化趋势

经营效率不佳的企业成功实施系列并购战略，经营效率会不断得到提升，但是如果经营效率提升后还是低于企业资本成本，由于并购后资源总量增加，企业（集团）创造价值的总量可能比实施系列并购前还少。当企业（集团）的经营效率超过企业的资本成本，随着企业资源的增加，企业创造的价值也会不断增加。

4.6　系列并购的局限性

在目前竞争激烈的环境下，越来越多企业采用系列并购战略不断获取知识、资源和能力，提升企业的经营能力，获取和保持竞争优势，从而创造更多的价值。系列并购是企业最重大的投资活动，需要企业拥有高超的并购知识，要有综合素质极高的人力资源专门从事并购业务，需要消耗大量的资源尤其是资金资源支付并购对价，整合也需要投入大量人力和资金。另外，通过并购的方式提升企业的经营能力是突发式的，会引起企业动荡，企业进行系列并购的风险非常大。而且，系列并购对企业的并购能力要求比单次并购更高，不是所有企业都有能力实施系列并购战略。

并购尤其是系列并购不是企业经常发生的业务，企业生产经营能力的提高和培养应该渗透企业时时刻刻的生产经营过程。企业要合理分配资源，在通过系列并购提升经营能力和日常提升经营能力之间搞好平衡，处理好两者之间的关系，不断提升经营能力从而创造更大的价值。

4.7　本章小结

将企业管理者在实践中总结出的系列并购所具有的将单个散落的珍珠串成珍珠项链的"珍珠项链效应"上升至理论高度进行研究，由于多个企业在更大范围内共享知识、资源和能力，获得更大的规模经济、范围经济和市场势力，企业系列并购具有将单个珍珠串成珍珠项链的价值创造效应。

根据企业系列并购实践中各次并购之间时间间隔的特点，将企业系列并购模式分为"连续型系列并购模式"和"间隔型系列并购模式"两种，并分析各自的特点，将企业实践上升至理论层面进行研究。

运用行业生命周期理论分析指出，系列并购的目标企业通常处于成长性行业和成熟性行业。

　　并购会使企业的经营效率和所控制资源的数量都发生变化，企业并购通过改变企业（集团）的经营效率和企业（集团）控制资源的数量创造价值。企业系列并购创造的价值数量取决于企业（集团）的经营效率与资本成本的差值，以及企业（集团）的资源数量。经营效率高的企业进行系列并购主要是通过改变所控制资源的数量创造价值。经营效率不佳的企业进行系列并购主要是通过提高经营效率创造价值。

　　运用第3章提出的"双力驱动价值创造模型"分别阐述经营效率高和经营效率不佳两类典型企业系列并购的价值创造机理。在"双力驱动价值创造模型"中，两者的并购企业与目标企业之间知识、资源流动的具体流动方向不同。

　　高经营效率企业进行系列并购主要是向目标企业输入自身优秀的知识、资源和能力，经营效率不佳的企业进行系列并购主要是希望从目标企业获得能够弥补自身能力缺口的知识、资源和能力。高经营效率企业实施系列并购更多的是希望通过系列并购不断增加企业（集团）经营能力的"量"，经营效率不佳的企业进行系列并购往往是想通过系列并购逐步缩小经营能力的缺口，主要目的是提升经营能力的"质"。

　　高经营效率企业如果采用"间隔型系列并购模式"，在系列并购期间，成功实施系列并购企业（集团）的经营效率往往随着每一次并购的实施呈先下降再上升趋势，在系列并购期间企业的经营效率呈波浪式上升趋势。高经营效率企业如果采用"连续型系列并购模式"，企业（集团）的经营效率通常会在获取目标企业阶段呈急速下降趋势，在整合目标企业阶段呈缓慢上升趋势。经营效率不佳的企业适合采用"间隔型系列并购模式"，不论采用哪种系列并购模式，在成功实施系列并购期间企业（集团）的经营效率呈上升趋势。

5　我国上市公司系列并购价值创造实证分析

本章的研究目的主要有两个：一是验证第 4 章通过理论分析提出的高经营效率和经营效率不佳两类典型企业实施系列并购经营效率（价值创造效率）各自的变化特点。二是研究我国上市公司系列并购的价值创造效率和价值创造总量。为此，分别对不同经营效率企业的"系列并购期间""连续型并购"和"间隔型并购"的并购价值创造效率和价值创造数量进行分析。本章使用的财务数据和财务指标来自国泰安数据库及上市公司披露的年报等。

5.1　研究设计

5.1.1　并购事件的筛选

选取国泰安数据库提供的首次公告日在 2006~2014 年 9 年上市公司进行的股权收购事件作为初始研究对象，并根据研究需要按如下标准筛选并购事件：

（1）选择主板上市公司的并购事件。主板市场成立于 20 世纪 90 年代初，也称一级市场，对发行人各方面的上市要求较高，是我国资本市场最重要的组成部分。创业板和中小板推出时间较晚，企业在经营年限、资产规模、经营业绩等方面与主板市场也有一定差异。主板市场上市公司相对成熟、风险较小，是我国最先进企业的代表，有"国民经济晴雨表"之称。

（2）上市公司并购后目标企业的控制权发生转移，剔除无法判断控制权是否发生转移的并购事件。并购的概念比较宽泛，本书研究的是严格意义上的企业并购（也称企业收购），是基于企业能力理论的视角，研究企业通过系列并购与目标企业共享知识、资源和能力，进行并购双方资源的整合，非控股（包括参股或重大影响）性质的并购，并购企业对目标企业不享有控制权，并购后也没有权利对目标企业进行整合。

（3）剔除关联并购以及无法判断是否为关联并购的并购事件。关联并购是上市公司与其大股东或者与共同受大股东控制的其他关联方之间进行的并购行为（鞠雪芹，2014）。学者们普遍从"掏空或支持"的动机分析上市公司关联并购（如：李增泉等，2005；黄兴孪和沈维涛，2006）。虽然关联并购双方彼此比较了解，信息不对称问题较小，但关联并购的价格往往是不公允的，大多是为了实现控股股东"掏空"上市公司的目的，或为了实现上市公司的"保壳""保配"等目的。关联并购大多是一种非市场化的并购行为。黄兴孪和沈维涛（2006）称我国上市公司与其控股股东的关联并购为"自我交易"。本书剔除关联并购。

（4）剔除金融保险行业上市公司实施的并购事件。金融保险行业的会计制度具有特殊性，所以将其剔除。

（5）剔除并购交易金额低于1000万元，或者并购交易金额数据缺失的并购事件。并购规模较小的目标企业，并购涉及的交易金额较少，通常不能对上市公司价值创造产生显著影响。同时考虑样本量的因素，借鉴李善民等（2004b）的研究，本章仅考虑收购金额超过1000万元的并购交易。

5.1.2 系列并购样本公司的筛选

由于需要使用企业并购后1年的财务数据，本章选取样本公司为2006~2014年9年中至少有3年作为并购企业进行过并购行为的上市公司，并且满足：①在实施系列并购之前至少已经上市2年。②2004年和2005年没有进行并购。根据上述标准进行筛选后，在研究期间共有58家上市公司共完成289起并购交易，平均每家公司并购次数为4.98次。58家样本公司中有33家上市公司在样本期间没有改变行业代码，25家上市公司在样本期间改变行业代码。58家样本公司2014年所属行业及其数量如表5-1所示。

表 5-1　样本公司所属行业及数量　　　　单位：家

代码	行业名称	公司数量
B	采矿业	10
C	制造业	18
	其中：医药制造业（C27）	6
	其他制造业	12
D	电力、热力、燃气及水生产和供应业	5
E	建筑业	1
F	批发业	3
G	交通运输、仓储和邮政业	3
I	信息传输、软件和信息技术服务业	1
K	房地产业	15
N	水利、环境和公共设施管理业	1
R	文化、体育和娱乐业	1
合计		58

表 5-2 列示了分别在 3 年、4 年、5 年和 6 年中进行过并购的企业数量。表 5-3 列示了不同并购次数的企业数量。

表 5-2　不同并购年数的公司数量　　　　单位：家

并购年数	3 年	4 年	5 年	6 年	合计
公司数量	36	17	4	1	58

表 5-3　不同并购次数的公司数量　　　　单位：家

并购次数	3 次	4 次	5 次	6 次	7 次	8 次	9~11 次	12 次	合计：289
公司数量	12	14	13	8	8	2	0	1	合计：58

5.1.3　基于 ROE 的样本公司分类

为了验证第 4 章提出的经营效率高和经营效率不佳两类典型企业实施系列并购经营效率（价值创造效率）各自的变化特点，本章根据样本企业实施系列并购前 2 年的平均 ROE（本章简称为系列并购前平均 ROE）的差异对样本企业进行分类。企业系列并购前 2 年的平均 ROE 并不能完全客观地代表企业的经营效率，本章的分类方法是在无法准确地将样本企业进行分类情况下的次优选择。考虑到我国上市公司 ROE 不低于 10% 的配股要求，将系列并购前平均 ROE 大于等于 10% 的企业划分为经营效率好（高）的企业，将系列并购前平均 ROE 小于 10% 的企业划分为非经营效率好（高）的企业。将非经营效率好的企业进一步进行细分，由于企业系列并购前 2 年的平均 ROE 并不能完全客观地代表企业的经营效率，将系列并购前平均 ROE 小于 0 的亏损企业划分为经营效率差的企业，将经营效率差的企业的 ROE 标准定的偏低一些，得到的经营效率差的样本企业是典型的经营效率不佳企业，更具有代表性。将系列并购前平均 ROE 介于 0~8% 的企业称为经营效率一般的企业，将系列并购前平均 ROE 大于 8% 小于 10% 的企业称为经营效率良的企业。这样将样本企业分成经营效率好和非经营效率好的两大类企业，将非经营效率好的企业细分为经营效率差、一般和良的三类企业。将样本企业细分为两大类四个层级，样本企业经营效率的层级分类如图 5-1 所示。

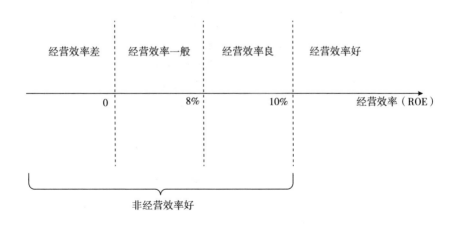

图 5-1 样本企业经营效率的层级分类

根据样本企业系列并购前 ROE 的不同对样本企业进行比较细的层级分类，这样做的目的是比较清楚地观察不同 ROE 层级水平的企业系列并购后 ROE 的变动趋势特点。经营效率差的企业是第 4 章提到的典型的经营效率不佳企业，由于经营效率差的样本企业数量较少，本章在"连续型并购"和"间隔型并购"的绩效分析部分，将经营效率差、一般和良的三个层级样本企业组成的非经营效率好的企业视为经营效率不佳企业，与经营效率好的企业的并购绩效进行比较分析，研究结果也具有较强的意义。

如表5-4和图5-2所示，58家样本公司中，亏损企业7家，即经营效率差的企业占比12.07%；经营效率一般的企业11家，占比18.97%；经营效率良的企业8家，占比13.79%；经营效率好（即经营效率高）的企业32家，占比55.17%。

表5-4　不同经营效率层级样本公司数量及比率

ROE	差	一般	良	好	合计
企业数量（家）	7	11	8	32	58
占全部样本企业百分比（%）	12.07	18.97	13.79	55.17	100

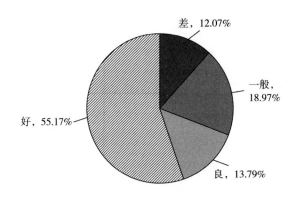

图5-2　样本企业 ROE 所在层级占比

5.1.4　研究方法的选择

本章研究企业实施系列并购经营效率（价值创造效率）和价值创造总额的变动情况。根据研究目的，采用会计研究法进行企业系列并购绩效的研究。

企业系列并购有不同的具体形式，如：隔1年并购1次，隔2年并购1次，隔 3 年并购 1 次，连续 2 年并购，连续 3 年并购，1 年并购多次等形式及其组合，由于系列并购具体形式的复杂性，无法对所有的并购事件进行财务绩效分析。会计研究法只能分析至少并购前、后 2 年均没有发生过并购的并购事件的绩效，会损失大量并购事件的绩效信息。另外，当企业实施多次并购时，全部的绩效可能并不是全部由单次并购的特征驱动的，也可能也依靠并购的模式（pattern of acquisitions），例如，一次失败的并购可能产生有价值的学习效应，这样就可以通过改善并购能力来提高整个并购计划的绩效，这种正面影响比直接的负面影响大得多（Haleblian & Finkelstein，1999）。因此，本书根据研究目的分别对不同经营效率企业的"系列并购期间""连续型并购"和"间隔型并购"的价值效应（ROE 和 EVA）进行分析，通过计量不同阶段、不同类型并购的并购绩效获得更多的关于企业系列并购价值创造的相关信息。

5.1.5　评价指标的选取

冯丽艳等（2016）认为，企业的市场价值指标可以综合反映投资者对企业未来经营能力的预期，并选取 Tobinq 值度量企业的经营能力。不同行业的经营能力体系不完全相同，企业经营能力体系中的各种能力综合作用，表现为企业的价值创造能力。这样就将对企业经营能力的计量转化为对企业价值创造能力的计量。价值创造能力的计量可以分为价值创造能力的"质"的计量（即价值创造效率的计量）和价值创造能力的"量"的计量（即价值创造数量的计量）。

（1）采用 ROE 计量企业的经营效率（也是价值创造效率）。ROE（rate of return on equity，净资产收益率）是著名的杜邦财务分析体系的核心指标，根据杜邦财务分析体系，ROE 可以分解为销售净利率、总资产周转率和权益乘数三个财务比率的乘积，这三个财务比率分别反映企业的盈利能力、资产营运能力和偿债能力。可见，ROE 是企业盈利能力、资产营运能力和偿债能力的综合反映。净资产收益率（ROE）概括了上市公司利润的增长速度和股本的扩张性，用净资产收益率衡量上市公司的经营业绩以及是否有发展前景比较符合中国国情（范从来和袁静，2002）。净资产收益率是最常用的衡量企业盈利能力的指标之一，学者们比较认可其有效性（高良谋等，2004）。因为净资产收益率是反映效率的指标，可见用净资产收益率计量的是企业经营的效率业绩。净资产收益率是计量经营效率的最基础指标（周阳敏，2010）。同时，许多文献使用 ROE 计量并购企业的价值创造效率，如：Meeks（1977），张新（2003）等。可见，企业的经营效率也是企业的价值创造效率，净资产收益率（ROE）既是反映企业经营效率的指标，也是反映企业价值创造效率的指标。本书使用 ROE 计量企业的经营效率，同时反映企业的价值创造效率。

（2）采用 EVA 计量企业创造价值的数量。本章采用 EVA（economic value added，经济增加值）计量企业创造价值的数量。EVA 的思路来源于剩余收益，是扣除资本成本（COC，cost of capital）后的资本收益（ROC，return on capital）。资本成本不仅包括债务资本的成本，还包括权益资本的成本。另外，在计算 EVA 时对企业的利润进行了一些会计调整，如：加上商誉的摊销、各种准备金（如：存货跌价准备、坏账准备）的增加等。EVA 是反映企业盈利能力的指标，EVA 越高说明企业为股东创造的价值越多，其基本计算公式如下：

$$
\begin{aligned}
EVA &= NOPAT-(L+NA)\times WACC \\
&= NOPAT-(L+NA)\times\left[\frac{L}{L+NA}\times Ri\times(1-t)+\frac{NA}{L+NA}\times Rs\right] \\
&= NOPAT-Ri\times L\times(1-t)-Rs\times NA \\
&= NOPAT-I\times(1-t)-Rs\times NA \qquad\qquad\text{公式（5-1）}
\end{aligned}
$$

式（5-1）中，$NOPAT$：税后经营净利润，是企业经过调整的所得税后经营净利润；L：债务数额；NA：净资产（所有者权益）数额；$WACC$：加权平均资本成本；Ri：债务利率；Rs：权益资本成本（率）；t：所得税税率；I：债务利息。

债务利息（I）在计算应纳税所得额之前扣除，具有抵税作用。权益资本成本（率）通常采用资本资产定价模型确定，权益资本成本不是实际成本，是一种机会成本，并不是使用股东资金实际付出的代价，是股东要求的资本回报率。与其他财务指标比较而言，EVA 的优势在于考虑了权益资本的机会成本，并且对会计原则进行了更加合理的调整。

（3）EVA 与 ROE 之间的关系。

$$
\begin{aligned}
\text{由于：}EVA &= NOPAT-I\times(1-t)-Rs\times NA \qquad\qquad\text{公式（5-2）} \\
&= EBIT+Aa+Ia-I\times(1-t)-Rs\times NA \\
&= EBIT+Aa+Ia-I\times(1-t)-Rs\times NA
\end{aligned}
$$

$$=EBIT+Aa-Rs\times NA$$

$$=(ROE-Rs)\times NA+Aa \qquad\qquad 公式（5-3）$$

式（5-2）、式（5-3）中，EBIT：息前税前利润；Aa：除利息费用调整以外的其他会计调整；Ia：利息费用调整，等于利息费用×（1-所得税税率）。

可以看出，在其他影响因素不变的前提下，EVA 与 ROE 同方向变化。ROE 与 EVA 在衡量企业业绩方面具有一定的一致性（沈维涛和叶晓铭，2004）。肖翔和王娟（2009）以及郑瑞强和张晓薇（2012）实证研究均发现上市公司的 EVA 与 ROE 呈显著正相关关系。

ROE 是无量纲指标，采用 ROE 可以从经营效率的角度反映企业的经营能力，同时也能够反映企业的价值创造效率。EVA 是有量纲指标，EVA 反映企业创造价值的数量。以往的并购实证研究往往只使用 ROE 或 EVA 中一种指标进行企业价值创造效果的计量，ROE 提高代表价值创造效率提高，EVA 增大代表创造价值总量增加，满足 ROE 提高或 EVA 增大其中一项就代表并购是成功的。

如果不考虑会计调整因素，假设权益资本成本不变，则 EVA 只与 ROE 和所有者权益（股东投入的资源）数量有关，通常使用 ROE 和 EVA 得出的并购价值创造的结论是相同的，即企业并购后，ROE 增加，EVA 也会增加。但在以下两种情况下两者的结论可能会不一致，一种情况是并购前企业的 ROE 低于权益资本成本，并购后有所提高但还是低于权益资本成本，如果股东投入的资源增加了，这时企业创造的价值总量 EVA 可能不会增加，还会减少。另外一种情况就是企业并购前的 ROE 很高，并购后 ROE 有所减少，但还是超过股东权益资本成本，由于并购后股东投入的资源增加了，这种情况下 EVA 可能不会减少，还会增加。

本章使用 ROE 和 EVA 共同计量企业的价值创造效应，一方面可以印证第4章的理论分析，另一方面也可以提供更多的样本企业系列并购价值创造的相关信息。

5.2 实证分析

5.2.1 "系列并购期间"的价值创造效应

本节需要用到两个不同阶段的 ROE（或 EVA）指标，分别解释如下：①系列并购前 2 年平均 ROE（或平均 EVA），简称系列并购前 ROE（或 EVA），是样本企业在样本期间内实施第一次并购的前 2 年平均 ROE（或平均 EVA），所有样本企业在样本期间内第一次实施并购的前两年均未发生并购业务。②系列并购期间平均 ROE（或平均 EVA），简称系列并购期间 ROE（或 EVA），是在样本期间内，从样本企业第一次并购的当年开始到最后一次并购的年份为止，这段期间的平均 ROE（或 EVA）。对样本企业系列并购期间相对于系列并购前的价值创造变动情况进行比较分析。

（1）基于 ROE 的比较分析。表 5-5 是不同经营效率层级样本企业和全部样本企业系列并购期间 ROE 变动情况。在系列并购期间 ROE 增加和减少的企业各占 50%。经营效率差的 7 家企业在系列并购期间经营效率均有所提高，而经营效率好的 32 家企业中有 22 家企业即 68.8% 的企业在系列并购期间经营效率下降。从表 5-5 可以看出，经营效率越好的样本企业组，在实施系列并购期间 ROE 减少的企业所占比例越高。

表 5-5 系列并购期间 ROE 变动分析 单位：家

经营效率	样本企业数量	平均 ROE 减少	平均 ROE 增加
差	7	0（占比：0%）	7（占比：100%）
一般	11	3（占比：27.3%）	8（占比：72.7%）
良	8	4（占比：50%）	4（占比：50%）
非经营效率好	26	7（占比：26.9%）	19（占比：73.1%）
好	32	22（占比：68.8%）	10（占比：31.2%）
全部企业	58	29（占比：50%）	29（占比：50%）

对不同经营效率层级样本企业和全部样本企业系列并购前和系列并购期间平均 ROE 进行配对 T 检验和非参数检验 Wilcoxon 秩和配对检验，分析样本企业系列并购前和系列并购期间 ROE 变动情况及显著性。检验结果如表 5-6 所示。

表 5-6　样本企业系列并购前和系列并购期间 ROE 配对检验

ROE 配对检验					
经营效率差的样本企业	均值	标准差	N（家）	T 值	Z 值
系列并购前	−32.0%	33.4%			
系列并购期间	−7.7%	27.9%	7	2.867 **	2.366 **
系列并购期间减系列并购前	24.3%	22.4%			
经营效率一般的样本企业	均值	标准差	N（家）	T 值	Z 值
系列并购前	3.4%	2.0%			
系列并购期间	6.3%	6.4%	11	1.354	1.245
系列并购期间减系列并购前	2.9%	7.1%			
经营效率良的样本企业	均值	标准差	N（家）	T 值	Z 值
系列并购前	8.9%	0.6%			
系列并购期间	6.4%	8.9%	8	−0.748	−0.280
系列并购期间减系列并购前	−2.5%	9.3%			
非经营效率好的样本企业	均值	标准差	N（家）	T 值	Z 值
系列并购前	−4.62%	23.82%			
系列并购期间	2.56%	16.39%	26	2.121 **	2.172 **
系列并购期间减系列并购前	7.02%	16.88%			
经营效率好的样本企业	均值	标准差	N（家）	T 值	Z 值
系列并购前	21.17%	13.1%			
系列并购期间	14.66%	7.32%	32	−2.720 ***	−2.786 ***
系列并购期间减系列并购前	−6.51%	13.53%			
全部样本企业	均值	标准差	N（家）	T 值	Z 值
系列并购前	9.68%	22.54%			
系列并购期间	9.24%	13.56%	58	−0.205	−0.406
系列并购期间减系列并购前	−0.44%	16.45%			

注：** 表示在 5% 的水平下显著，*** 表示在 1% 的水平下显著。

从表 5-6 可以看出，经营效率差和经营效率一般的企业系列并购期间 ROE

企业系列并购价值创造研究

均值都有所提高，经营效率良和经营效率好的企业系列并购期间 ROE 均值都有所降低。经营效率差的企业系列并购期间 ROE 均值由 -32.0% 提升至 -7.7%，在 5% 的显著性水平下显著提高。经营效率一般的企业系列并购期间 ROE 均值提高了 2.9%，但并不显著。经营效率良的企业系列并购期间 ROE 均值由 8.9% 减少至 6.4%，下降 2.5%，但并不显著。经营效率好的企业系列并购后 ROE 均值由系列并购前的 21.17% 降低至 14.66%，降幅达到 6.51%，并且在 1% 的显著性水平下显著减少。全部样本企业系列并购后 ROE 均值由 9.68% 减少至 9.24%，但下降并不显著。

（2）基于 EVA 的比较分析。不同经营效率层级样本企业和全部样本企业系列并购前和系列并购期间创造与毁损价值的企业数量如表 5-7 所示。经营效率差的样本企业在进行系列并购前全部毁损企业价值，在系列并购期间也只有 1 家样本企业创造价值。32 家经营效率好的样本企业在系列并购前有 29 家创造价值，在系列并购期间创造价值的样本企业数量减少为 22 家。全部样本企业中创造价值的样本企业从系列并购前的 32 家减少到系列并购期间的 25 家。

表 5-7　系列并购前和系列并购期间创造价值企业数量变化分析　单位：家

经营效率	全部样本企业数量	创造价值（平均 EVA>0）企业数量	
		系列并购前	系列并购期间
差	7	0（占比：0%）	1（占比：14.3%）
一般	11	1（占比：9.1%）	1（占比：9.1%）
良	8	2（占比：25%）	1（占比：12.5%）
非经营效率好	26	3（占比：11.5%）	3（占比：11.5%）
好	32	29（占比：90.6%）	22（占比：68.8%）
全部样本企业	58	32（占比：55.2%）	25（占比：43.1%）

不同经营效率层级样本企业和全部样本企业系列并购前和系列并购期间创造价值增加和减少的企业数量情况如表 5-8 所示。只有经营效率差的样本企业在系列并购期间 EVA 增加的企业占比较大，其他经营效率层级的样本企业均是 EVA 减少的企业占比较大。58 家样本企业中有 34 家样本企业（占比 58.6%）在系列并购期间 EVA 的数量比系列并购前有所减少。

· 96 ·

表5-8　系列并购期间 EVA 变动分析　　　　　单位：家

经营效率	样本数量	平均 EVA 减少	平均 EVA 增加
差	7	3（占比：42.9%）	4（占比：57.1%）
一般	11	7（占比：63.6%）	4（占比：36.4%）
良	8	6（占比：75%）	2（占比：25%）
非经营效率好	26	16（占比：61.5%）	10（占比：38.5%）
好	32	18（占比：56.3%）	14（占比：43.7%）
全部企业	58	34（占比：58.6%）	24（占比：41.4%）

对不同经营效率层级样本企业和全部样本企业系列并购前和系列并购期间平均 EVA 进行配对 T 检验和非参数检验 Wilcoxon 秩和配对检验。分析样本企业系列并购前和系列并购期间 EVA 的变动情况及显著性。检验结果如表5-9所示。

表5-9　样本企业系列并购前和系列并购期间 EVA 配对检验

EVA 配对检验（单位：元）				
经营效率差的样本企业	均值	标准差	t 值	z 值
系列并购前	−198118786	217683826		
系列并购期间	−111864141	132300177	1.837	1.352
系列并购期间减系列并购前	86254645	124201463		
经营效率一般样本企业	均值	标准差	t 值	z 值
系列并购前	−54406767	60249613		
系列并购期间	−99769180	150960719	−1.378	−1.334
系列并购期间减系列并购前	−45362413	109154610		
经营效率良的样本企业	均值	标准差	t 值	z 值
系列并购前	−91838291	170897301		
系列并购期间	−299323896	728196856	−0.959	−0.980
系列并购期间减系列并购前	−207485605	612030001		
非经营效率好的样本企业	均值	标准差	t 值	z 值
系列并购前	−104615857	156881491		
系列并购期间	−164426967	412587463	−0.858	−0.800
系列并购期间减系列并购前	−59811110	355520647		

续表

EVA 配对检验（单位：元）				
经营效率好的样本企业	均值	标准差	t 值	z 值
系列并购前	233996551	632068571		
系列并购期间	250317583	635118658	0.335	0.318
系列并购期间减系列并购前	16321032	275246170		
全部样本企业	均值	标准差	t 值	z 值
系列并购前	82204782	506880389		
系列并购期间	64397612	580801847	−0.355	−0.716
系列并购期间减系列并购前	−17807170	313206155		

注：＊表示在10%的水平下显著，＊＊表示在5%的水平下显著，＊＊＊表示在1%的水平下显著。

从表5-9可以看出，经营效率良和经营效率一般的企业在系列并购期间的EVA均值都小于系列并购前的EVA均值，但并不具有统计显著性。经营效率差和经营效率好的企业在系列并购期间的EVA均值都大于系列并购前的EVA均值，但也不具有统计显著性。由经营效率差、一般和经营效率良的样本企业组成的非经营效率好的样本企业系列并购期间的EVA均值都小于系列并购前的EVA均值，但并不具有统计显著性。从全部样本企业总体来看，系列并购期间的EVA均值小于系列并购前的EVA均值，但不具有统计显著性。经营效率好的企业系列并购前和系列并购期间EVA的差值不大，但EVA差值的标准差很大，说明样本企业间EVA差值的差异较大。

5.2.2 "连续型并购"的价值创造效应

从样本企业的并购事件中选取至少连续2年进行并购，并且与其他并购之间的时间间隔至少为2年的"连续型并购"样本，将"连续型并购"视为1次大的并购，用并购后一年的相关指标（ROE和EVA）减去并购前一年的相关指标（ROE和EVA），计量"连续型并购"的财务并购绩效，表示为ΔROE或ΔEVA。共整理出可以进行财务绩效计量的连续型并购样本28个，其中包括：经营效率差的企业样本4个，经营效率一般的企业样本4个，经营效率良的企业样本6个，经营效率好的企业样本14个。28个"连续型并购"后ΔROE和ΔEVA的情况如表5-10所示。

表 5-10 "连续型并购" ROE 和 EVA 变动分析

经营效率	样本数量	并购绩效>0：并购绩效<0	
		ΔROE	ΔEVA
差	4	2：2	2：2
一般	4	2：2	1：3
良	6	4：2	6：0
非经营效率好	14	8：6	9：5
好	14	2：12	6：8
合计	28	10：18	15：13

由表 5-10 可以看出，非经营效率好的 14 个 "连续型并购" 样本中有 6 个样本经过 "连续型并购" 后 ROE 减少，占比 42.86%，有 5 个样本经过 "连续型并购" 后 EVA 减少，占比 35.71%。经营效率好的 "连续型并购" 并购样本，ROE 普遍减少，14 个 "连续型并购" 样本中，有 12 个样本经过 "连续型并购" 后 ROE 减少，占比 85.71%。14 个经营效率好的 "连续型并购" 样本中只有 2 个样本 ROE 增加，但有 6 个样本 EVA 增加，说明经营效率好的企业连续并购后经营效率虽然有所下降，由于并购后控制了更多资源，创造的价值仍然有可能增加。

分别采用配对 T 检验和非参数 Wilcoxon 秩和配对检验，分析 "连续型并购" 后 1 年的 ROE 与 "连续型并购" 前 1 年的 ROE 是否有显著差异，以及 "连续型并购" 后 1 年的 EVA 与 "连续型并购" 前 1 年的 EVA 是否有显著差异，检验结果如表 5-11 所示。

表 5-11 "连续型并购" 样本配对检验

"连续型并购" 样本 ROE 配对检验					
非经营效率好的企业样本	N（家）	均值	标准差	t 值	Z 值
系列并购前		3.81%	8.43%		
系列并购后	14	1.88%	19.54%	-0.403	-0.785
系列并购后减系列并购前		-1.93%	17.98%		
经营效率好的企业样本	N（家）	均值	标准差	t 值	Z 值
系列并购前		17.70%	10.04%		
系列并购后	14	10.37%	8.84%	-4.378***	-2.919***
系列并购后减系列并购前		-7.33%	6.26%		

续表

"连续型并购"样本 ROE 配对检验					
全部企业样本	N（家）	均值	标准差	t 值	Z 值
系列并购前		10.75%	11.52%		
系列并购后	28	6.12%	15.50%	−1.816*	−1.685*
系列并购后减系列并购前		−4.63%	13.50%		
"连续型并购"样本 EVA 配对检验（单位：元）					
非经营效率好的企业样本	N（家）	均值	标准差	t 值	Z 值
系列并购前		−183002418	332905740		
系列并购后	14	−195812087	839785611	−0.065	−0.471
系列并购后减系列并购前		−12809669	740160055		
经营效率好的企业样本	N（家）	均值	标准差	t 值	Z 值
系列并购前		183666829	254761107		
系列并购后	14	38584395	420612225	−1.537	−1.350
系列并购后减系列并购前		−145082434	353165262		
全部企业样本	N（家）	均值	标准差	t 值	Z 值
系列并购前		332205	345639892		
系列并购后	28	−78613846	662559590	−0.729	−0.592
系列并购后减系列并购前		−78946051	573029199		

注：*表示在 10%的水平下显著，**表示在 5%的水平下显著，***表示在 1%的水平下显著。

从表 5-11 可以看出，经营效率好的企业样本 ROE 均值由 17.70%减少至 10.37%，均值下降 7.33%，在 1%的显著性水平下显著下降。非经营效率好的企业样本 ROE 均值由 3.81%减少至 1.88%，均值下降 1.93%，但在统计上并不显著。分析标准差可以看出，非经营效率好的企业样本 ROE 绩效差异较大。企业间"连续型并购"ROE 绩效差异很大。全部"连续型并购"样本 ROE 均值由 10.75%减少至 6.12%，均值下降 4.63%，在 10%的显著性水平下显著下降。

非经营效率好的企业样本、经营效率好的企业样本和全部样本经过"连续型并购"后 EVA 均值都有所减少，但均不具有统计上的显著性。分析标准差可以看出，非经营效率好的企业间 EVA 绩效差异较大。

5.2.3 "间隔型并购"的价值创造效应

从样本企业的并购事件中选取能够与其他并购事件区分开来进行财务绩效计量的"间隔型并购"，分别采用并购后一年的 ROE（或 EVA）与并购前 1 年的 ROE（或 EVA）的差值计量"间隔型并购"的并购绩效，表示为 ΔROE 或 ΔEVA。某次并购与其他并购之间的时间间隔至少为 2 个会计年度才能使用会计方法计量该"间隔型并购"的并购绩效，共整理出 43 个能够采用会计研究法计量单次并购绩效的"间隔型并购"样本。"间隔型并购"后 ROE 和 EVA 的情况如表 5-12 所示。

表 5-12   "间隔型并购"后 ROE 和 EVA 变动分析   单位：家

经营效率	样本数量	并购绩效>0：并购绩效<0	
		ΔROE	ΔEVA
差	5	1：4	2：3
一般	12	6：6	5：7
良	2	1：1	1：1
非经营效率好	19	8：11	8：11
好	24	11：13	16：8
合计	43	19：24	24：19

非经营效率好的 19 个并购样本中，不论是 ROE 还是 EVA 均有 8 个样本增加（占比 42.11%），11 个样本减少（占比 57.89%）。经营效率好的企业实施的 24 次"间隔型并购"中有 11 次并购 ROE 增加，减少的比例为 45.83%，比经营效率好的企业进行"连续型"并购后 ROE 增加的样本比例 14.29% 高很多。另外，经营效率好的 24 个并购样本中有 11 个样本 ROE 增加（占比 45.83%），但 24 个并购样本中有 16 个并购样本 EVA 增加（占比 66.67%）。从全部样本来看，虽然 ROE 增加的样本比例较少（占比 44.19%），但 EVA 增加的样本比例较高（占比 55.81%）。说明并购后虽然企业的经营效率下降了，但由于企业控制的资源增加，仍然可能比并购前创造更多价值。

分别采用配对 T 检验和非参数 Wilcoxon 秩和配对检验分析"间隔型并购"

后 1 年的 ROE 与并购前 1 年的 ROE 是否有显著差异，以及"间隔型"并购后 1
年的 EVA 与并购前 1 年的 EVA 是否有显著差异，检验结果如表 5-13 所示。

表 5-13 "间隔型并购"样本配对检验

"间隔型并购"样本 ROE 配对检验					
非经营效率好的企业样本	N	均值	标准差	t 值	Z 值
并购前		7.53%	10.14%		
并购后	19	4.82%	5.60%	-0.940	-0.765
并购后减并购前		-2.71%	12.56%		
经营效率好的企业样本	N	均值	标准差	t 值	Z 值
并购前		18.59%	13.76%		
并购后	24	15.96%	12.93%	-0.756	-0.686
并购后减并购前		-2.63%	17.03%		
全部样本	N	均值	标准差	t 值	Z 值
并购前		13.70%	13.37%		
并购后	43	11.04%	11.67%	-1.160	-1.026
并购后减并购前		-2.67%	15.05%		
"间隔型并购"样本 EVA 配对检验（单位：元）					
非经营效率好的企业样本	N	均值	标准差	t 值	Z 值
并购前		-54911657	127514822		
并购后	19	-41874445	193556552	0.315	0.080
并购后减并购前		13037212	180326213		
经营效率好的企业样本	N	均值	标准差	t 值	Z 值
并购前		113614461	242169199		
并购后	24	234376010	416263545	1.343	1.371
并购后减并购前		120761549	440442623		
全部样本	N	均值	标准差	t 值	Z 值
并购前		39149432	213321267		
并购后	43	112311855	357375774	1.67	1.123
并购后减并购前		73162423	350854094		

注：*表示在 10%的水平下显著，**表示在 5%的水平下显著，***表示在 1%的水平下显著。

从表 5-13 看出，非经营效率好的、经营效率好的和全部企业样本进行"间隔型并购"后 ROE 均值都有所降低，但统计上均不显著，EVA 均值都有所增加，统计上也都不显著。从标准差来看，样本间 ROE 绩效的差异较大，非经营效率好的并购样本间 EVA 绩效的差异较大。

5.2.4 并购价值创造回归分析

（1）研究假设。本部分检验以下两个问题：一是 5.3 节论证了 EVA 和 ROE 之间的关系，并且有学者（肖翔和王娟，2009；郑瑞强和张晓薇，2012）证实了 EVA 和 ROE 呈正相关关系。因此提出假设 1：企业系列并购后创造价值数量的变化（ΔEVA）与企业的经营能力（经营效率 ΔROE）的变化正相关。二是第 4 章提出经营效率高（好）的企业通常会并购同行业经营效率较差的企业，由于并购后的整合需要一定的时间，所以在并购后一段时期内整个企业集团的经营效率会下降。而并购前经营效率不好的企业往往会并购能够弥补自身能力缺口的企业，目标企业的经营效率不会太差，所以在并购后一段时间内整个企业集团的经营效率很可能会上升。因此提出假设 2：在企业并购后的一段时期内，并购前经营效率越好的企业并购后经营效率下降的越多，即 ΔROE 与并购前 ROE 负相关。

（2）变量选取及建立模型。对"间隔型并购"样本相关数据进行回归分析，借鉴以往研究，本书选择的控制变量包括公司规模、第一大股东持股比例、资产负债率、企业性质。变量及度量见表 5-14。

表 5-14 变量及度量

变量名称	变量符号	变量度量
EVA 的变化量	ΔEVA	并购后一年的 EVA 减去并购前一年的 EVA
ROE 的变化量	ΔROE	并购后一年的 ROE 减去并购前一年的 ROE
并购前 ROE	ROE	并购前一年的 ROE
公司规模	Size	并购前一年末公司总资产的自然对数
第一大股东持股比例	Top1	并购前一年末第一大股东持股比例
资产负债率	Lev	并购前一年末并购公司总负债与总资产的比值
公司性质	state	国有企业为 1，民营企业为 0

建立模型如下：

$$\Delta EVA = \beta_0 + \beta_1 \Delta ROE + \beta_2 Size + \beta_3 Top1 + \beta_4 Lev + \beta_5 State + \varepsilon \qquad 公式（5-4）$$

$$\Delta ROE = \beta_0 + \beta_1 ROE + \beta_2 Size + \beta_3 Top1 + \beta_4 Lev + \beta_5 State + \varepsilon \qquad 公式（5-5）$$

（3）统计结果。

1）描述性统计分析。对变量进行的描述性统计如表 5-15 所示。可以看出，ΔEVA 的均值为 0.732 亿元，中值为 0.159 亿元，标准差为 3.509 亿元，最大值为 16.015 亿元，最小值为 -7.26 亿元，说明企业进行"间隔型并购"总体上是创造价值的，但是企业间创造价值数量的差异较大，有些企业进行"间隔型并购"毁损了价值。ΔROE 的均值为 -2.67%，中值为 -1.23%，最大值为 38.26%，最小值为 -62.47%，说明企业进行"间隔型并购"后 ROE 总体上是减少的，大部分企业 ΔROE 为负值，并且最大值与最小值之间差异较大。并购前一年末的资产负债率差异较大，最低的只有 11.39%，最高的达到 84.80%，财务风险非常大。

表 5-15　变量描述性统计

变量	均值	中值	标准差	最大值	最小值
ΔEVA	0.732	0.159	3.509	16.015	-7.260
ΔROE	-2.67%	-1.23%	15.05%	38.26%	-62.47%
ROE	13.70%	12.17%	13.37%	67.76%	-14.61%
Size	21.849	21.893	1.132	23.882	17.691
Top1	35.47%	33.40%	13.54%	61.79%	7.45%
Lev	51.93%	53.03%	18.91%	84.80%	11.39%
State	0.40	0	0.495	1	0

2）变量间相关性分析。解释变量与被解释变量的 Spearman 相关分析如表 5-16 所示，可以看出，ΔEVA 和 ΔROE 显著正相关，且相关系数高达 0.635，表明 ROE 增加的越多，EVA 也会增加越多。ROE 和 ΔROE 显著负相关，表明企业并购前一年末的 ROE 越大，并购后一年的 ROE 下降的越多。企业资产负债率与企业规模显著正相关，说明企业的规模越大，资产负债率相应也越高。第一大股东持股比例与企业性质显著正相关，说明国有企业的第一大股东持股比例较高。自

变量间的相关系数均小于 0.5，各变量间存在弱相关性，并且方差膨胀因子检验结果也显示各变量间的方差膨胀因子均小于 2，说明不存在严重的多重共线性问题。

表 5-16　变量之间相关系数表

变量	ΔEVA	ΔROE	ROE	Size	Top1	Lev	State
ΔEVA	1						
ΔROE	0.635***	1					
ROE	−0.033	−0.381**	1				
Size	0.003	−0.027	−0.099	1			
Top1	0.070	−0.020	0.237	0.099	1		
Lev	−0.160	−0.194	0.120	0.497***	−0.140	1	
State	0.008	0.088	−0.015	0.096	0.307**	−0.119	1

注：** 表示在 5% 的水平下显著，*** 表示在 1% 的水平下显著。

3）回归结果分析。表 5-17 分别列示得出的 2 个回归方程，从回归方程①可以看出，在控制了其他变量的影响后，ΔEVA 和 ΔROE 在 1% 的显著性水平下显著正相关，表明企业的 ROE 增加越多则企业的 EVA 也会增加越多，假设 1 得到验证。从回归方程②可以看出，在控制了其他变量的影响后，ΔROE 和 ROE 在 1% 的显著性水平下显著负相关，表明并购前企业的 ROE 越高，并购后 ROE 下降的越多，假设 2 得到验证。

表 5-17　回归结果

因变量	ΔEVA	ΔROE
模型	①	②
截距	−2.970 (−0.335)	0.140 (0.376)
ΔROE	15.711*** (5.524)	
ROE		−0.806*** (−5.788)

续表

因变量	ΔEVA	ΔROE
Size	0.081 (0.185)	−0.005 (−0.273)
Top1	5.334 (1.602)	0.182 (1.244)
Lev	1.380 (0.514)	−0.037 (−0.327)
State	−0.677 (−0.750)	0.022 (0.574)
N	43	43
调整后的 R2	0.393	0.421
F	6.446***	7.120***
D−W	2.249	2.300

注：***表示在1%的水平下显著。

5.3 本章小结

根据本书的研究目的，本章采用会计研究法对样本企业的系列并购绩效进行研究。首先从理论上分析了 ROE 和 EVA 两者之间的关系，以及两者计量企业并购绩效结果具有一定的一致性，但又不完全相同。经营效率高的企业即使经营效率（ROE）有所下降，但如果仍超过股东要求的回报率，由于控制的资源增加，企业创造的价值（EVA）仍有可能增加。经营效率差的企业即使经营效率（ROE）有所提高，但如果提高后仍达不到股东要求的回报率，由于控制的资源增加，企业创造的价值（EVA）可能会减少。由于企业系列并购的具体并购形式具有复杂多样性，无法采用会计研究法对每一次并购的绩效都进行分析。为获得尽可能多的系列并购绩效信息，分别对不同经营效率企业的"系列并购期间""连续型并购"和"间隔型并购"的绩效（ROE 和 EVA）进行分析。

主要实证研究结果如下：

（1）系列并购期间绩效。经营效率差的样本企业 ROE 均值在 5% 的显著性水平下显著增加。经营效率好的样本企业 ROE 均值在 1% 的显著性水平下显著减少。全部样本企业 ROE 均值有所减少，但不具有统计上的显著性。

经营效率好和经营效率差的样本企业 EVA 均值都有所增加，经营效率一般、经营效率良和全部样本企业 EVA 均值都有所减少，但均不具有统计上的显著性。

经营效率差的 7 个样本企业在系列并购期间 ROE 全部高于系列并购前，但只有 4 个企业的 EVA 有所增加。经营效率好的 32 个企业中有 22 个企业在系列并购期间 ROE 减少，但只有 18 个企业 EVA 减少。

（2）"连续型并购"绩效。42.86% 非经营效率好的"连续型并购"样本 ROE 减少，而 85.71% 经营效率好的"连续型并购"样本 ROE 减少。非经营效率好、经营效率好和全部"连续型并购"样本的 ROE 均值都有所减少。非经营效率好的样本 ROE 减少幅度仅为 1.93%，并且不具有统计显著性。经营效率好的样本 ROE 均值由 17.70% 减少至 10.37%，降幅高达 7.33%，并且在 1% 的显著性水平下显著减少。全部"连续型并购"样本 ROE 均值由 10.75% 减少至 6.12%，降幅 4.63%，并且在 10% 的显著性水平下显著减少。说明进行"连续型"并购后，经营效率好的企业相对于非经营效率好的企业 ROE 减少的更多。

非经营效率好的、经营效率好和全部"连续型并购"样本并购后 EVA 均值都有所减少，且都不具有统计上的显著性。

14 个经营效率好的"连续型并购"样本中只有 2 个样本 ROE 增加，但有 6 个样本 EVA 增加。

（3）"间隔型并购"绩效。非经营效率好、经营效率好和全部"连续型并购"样本并购后 ROE 均值都有所减少，并且减少的幅度几乎相等，且都不具有统计上的显著性，三组样本的 EVA 均值都有所增加，但均不具有统计上的显著性。

非经营效率好、经营效率好和全部"间隔型并购"样本 ROE 增加的样本比例分别为：42.11%、45.83% 和 44.19%，EVA 增加的样本比例分别为：42.11%、66.67% 和 55.81%。

（4）回归分析结果。回归分析部分得出两个结果，一是验证了并购后一年年末减去并购前一年年末 EVA 的差值（ΔEVA）与并购后一年年末减去并购前一年年末 ROE 的差值（ΔROE）具有显著正相关关系，表明企业的 ROE 增加越多，则企业的 EVA 也会增加越多。二是并购后一年年末减去并购前一年年末 ROE 的差值（ΔROE）与并购前 1 年年末 ROE 呈显著负相关关系，表明企业进行"间隔型并购"前 ROE 越大，并购后 ROE 减少的越多。

实证研究结果验证理论分析部分的观点如下：

（1）验证了本章通过理论分析提出的 ROE 和 EVA 既具有一致性，但两者计量企业并购绩效的结果又不完全相同。

（2）实施系列期间经营效率好的企业的 ROE 显著减少，而经营效率差的企业的 ROE 显著增加。进行"连续型并购"，经营效率好的并购样本比非经营效率好的并购样本 ROE 减少的比例更大。回归模型②证明 ΔROE 和 ROE 呈显著负相关关系。三项实证研究并不能说明经营效率不佳企业的并购能力强于经营效率好的企业的并购能力，而是与目标企业选取的思路不同有很大关系。三项实证研究结果均在一定程度上印证了第 4 章提出的经营效率好的企业和经营效率不佳企业的系列并购价值创造特点。

6　文化长城系列并购案例分析

本章运用案例研究法对文化长城系列并购失败案例进行分析，文化长城在进行系列并购前经营能力薄弱，经营业绩很不理想，希望通过跨行业并购改善经营窘境。文化长城起初比较谨慎，几次宣告跨界并购又终止。2016 年开始，文化长城在没有充分认清自身能力的情况下，采用连续型并购模式在较短时间内多次进行大额跨界并购进入教育行业，由于自身的实力包括经营能力和并购能力都非常薄弱，并购的两家主要子公司相继失控，系列并购失败，最终惨遭退市。

6.1　文化长城概况

广东文化长城集团股份有限公司（简称文化长城），1996 年 2 月 1 日成立，位于"中国瓷都"广东潮州，其前身为广东长城集团有限公司。2010 年 6 月 25 日，文化长城在深圳证券交易所创业板成功上市，证券代码：300089，成为中国首家登陆创业板的艺术陶瓷企业。

成立之初，文化长城专注于陶瓷业务领域。文化长城最初的主业是研发、生产和销售各种中高档创意陶瓷工艺品和日用陶瓷制品，并分为四大业务板块：一是传统的日用陶瓷工艺品的外贸业务，二是陶瓷包装器皿（如酒瓶）的定制和制造业务，三是著名艺术家的作品中陶瓷主题字画的展览、销售以及拍卖业务，四是自营品牌"长城瓷艺"连锁零售的经营业务。

文化长城提出"让陶瓷文化传遍全球"的战略，以"科技创新，文化创意"

为核心发展理念，致力于将创新理念融入陶瓷产品的研发和生产过程，立足陶瓷文化产业，以现代创意设计为先导，以高端制造为基石，整合国内外资源，面向全球市场，成为中国陶瓷文化产业现代化、规模化、国际化的领军企业，坚持走专业化品牌发展路线，在巩固现有行业地位的基础上，充分发挥公司研发创新、品牌和营销网络优势，将传统工艺和现代创意紧密结合，实现"科技创新、文化创意"，不断为社会创造物质和精神财富。

文化长城拥有各类专业人才组成的研发团队近百人，自行开发设计出各式艺术陶瓷产品上万种，申报国家专利品种近百项，通过 ISO 9001—2008 质量管理体系认证，并以高于国家检验标准严格把控每件产品质量。2002~2013 年文化长城获得荣誉如表 6-1 所示。

表 6-1　2002~2013 年文化长城获得荣誉

年份	获奖情况
2002	被评为"广东省民营科技企业"
2003	被评为"广东省优秀民营企业"
2004	"镶嵌式抗菌陶瓷编制工艺制品"项目获"国家级火炬计划项目证书"、"长城（图案）"商标被评为"广东省著名商标"
2005	获"输美日用陶瓷生产厂认证证书"，长城陶瓷被评为"中国名牌产品"
2006	"长城（图案）商标"被评为"中国驰名商标"
2007	被评为"重点高新技术企业"
2008	获"环境管理体系认证证书"
2009	被评为"高新技术企业"
2010	被评为"广东省第三批创新型企业"
2012	被评为"广东省版权兴业示范基地"和"国家文化出口重点企业"
2013	获"品牌中国陶瓷行业金谱奖""中国企业报刊金纽带奖"，被评为"广东省创新型企业""广东省清洁生产企业""全国群众体育先进单位""广东省中小企业创新产业化示范基地"

资料来源：作者整理。

文化长城虽然获得许多荣誉，但自上市以来盈利能力不断下滑，为了摆脱这一困境，2014 年文化长城开始并购陶瓷行业有关公司，同时尝试并购游戏公司，但并未成功。从 2016 年起，受市场环境变化和国家产业政策调整的影响，公司制定了"陶瓷+教育"的双主业发展战略。文化长城开始跨界进行教育行业的并购，先后收购了联讯教育、智游臻龙和翡翠教育等企业，力图在教育领域实现长远发展，以多元化经营抵御市场风险。文化长城的产业转型并未如预期般提升公司的竞争力和盈利能力，反而导致公司陷入困境。这一系列转型尝试，似乎更像是自我削弱，而非加固防线。到了 2023 年 7 月 12 日，深圳证券交易所已经决定终止文化长城股票的上市资格，7 月 13 日，公司股票正式从交易所摘牌。

6.2　文化长城跨界并购动因

6.2.1　经营业绩很不理想

文化长城公司最初专注于陶瓷生产业务，但随着公司的发展，陶瓷业务增长乏力的问题逐渐显露出来，自上市以来，文化长城得利润不断下降，经营业绩很不理想。文化长城 2013 年年报显示，由于外汇汇率年末变动较大、募投项目的投入使定期存款减少，导致 2013 年汇兑损失增加、利息收入减少，财务费用同比大幅上涨；同时由于收到政府补助减少，公司非经常性损益比上年同期下降49.72%，导致公司的净利润从 2012 年的 2047 万元下降到 2013 年的 359.97万元。

从图 6-1 可以看出，自 2010 年上市后，尽管文化长城的营业收入稳定在 4亿元左右，但高昂的成本和不断攀升的费用持续侵蚀企业利润。2010 年净利润为 3267.85 万元，但到 2013 年已降至 359.97 万元。

如图 6-2 所示，2010 年文化长城销售净利率为 9.15%，2013 年，销售净利率仅为 0.87%。净资产收益率也跌至当时近几年的最低点。

如表 6-2 所示，2013 年同行业的松发股份和四通股份的净资产收益率分别为 17.15% 和 14.53%，而文化长城只有 0.46%，可以看出在竞争激烈的陶瓷市场中文化长城经营能力非常差，与同行业龙头公司的差距较大。

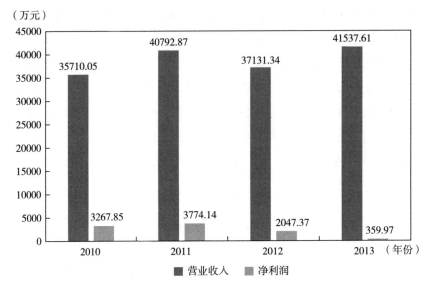

图 6-1　2010~2013 年文化长城营业收入和净利润

数据来源：东方财富网。

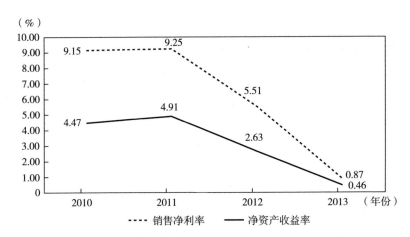

图 6-2　2010~2013 年文化长城销售净利率和净资产收益率

数据来源：文化长城年报。

表 6-2　2013 年文化长城与其他陶瓷公司的 ROE

公司名称	文化长城	松发股份	四通股份
2013 年 ROE（%）	0.46	17.15	14.53

数据来源：国泰安数据库。

从 2010 年上市首年交出 3268 万元净利润的成绩单，到 2013 年实现仅 359.97 万元的净利润，身披国内首家在创业板上市创意艺术陶瓷企业"光环"的长城集团，上市短短 3 年净利润下跌近 90%，成为又一家业绩大变脸的创业板公司。可见以生产和加工陶瓷为主业的文化长城盈利能力自 2010 年后并不理想。面对这样的局面，文化长城迫切需要找到具有发展前景和发展潜力的行业，引入新的业务板块，旨在提高企业的抗风险能力，寻找新的收入和利润增长点，进而增强盈利能力。

6.2.2　陶瓷行业增长乏力

我国是陶瓷生产大国、消费大国和出口大国，含艺术瓷在内的日用瓷年产量约占世界总产量的 60%。近些年，我国陶瓷工业的现代化水平大幅提高，部分企业的陶瓷产品和工艺达到了世界先进水平，但总的来说，中国陶瓷行业缺乏国际知名品牌，整个行业大而不强。目前，世界知名的陶瓷品牌主要集中在英国、德国、日本、意大利、西班牙等，这些企业的陶瓷品牌知名度、产品质量和档次都较高。在审美不断变化和消费不断升级的国际背景下，国际陶瓷消费市场已逐渐向中高档产品市场转移，一些集艺术性、装饰性、观赏性和实用性于一体的中、高档艺术陶瓷正越来越受到市场的欢迎。在市场需求方面，欧洲、中东、北美和亚洲是主要的陶瓷需求区域。但在我国各大陶瓷产区，尽管陶瓷企业数量众多，但大多数是外国品牌企业的 OEM 或 ODM 代工企业，拥有自主品牌的企业凤毛麟角。

6.2.3　进入前景广阔的行业

2010~2013 年，游戏行业迎来了高速增长期，2010 年游戏市场规模急剧扩大到 23.7 亿元，比 2009 年增长 26.3%，资本开始涌入手游市场。海外《愤怒的小鸟》《植物大战僵尸》《水果忍者》《神庙逃亡》等手游展现活力，巨大的用户群体促使手游多样化发展，《捕鱼达人》《天天爱消除》《天天酷跑》等休闲游戏走进大众视野，这让文化长城看到了游戏行业的发展前景，于是开始尝试并购游戏企业，但最终考虑到风险太大等因素，文化长城选择了终止收购游戏公司。

但是文化长城并没有放弃转型，经过多轮市场调研、分析论证，发现教育是提升国民素质的关键途径，也是推动科技进步的核心力量。如图 6-3 所示，我国在教育领域的财政投入保持着持续增加的状态，从 2010 年的 14670.07 亿元增加到 2014 年的 26420.58 亿元，显示出我国对教育的高度重视。随着我国教育市场的持续扩张，2010 年市场规模为 7800 亿元，到 2014 年已增至 6 万亿元。这一快速增长为教育行业的发展提供了广阔的空间和巨大的潜力。文化长城在 2015 年确定了工艺陶瓷与教育产业两大主业并重、相互促进的"陶瓷+教育"的发展战略。通过在资本市场并购教育产业类资产，迅速把该教育主业做大做强。

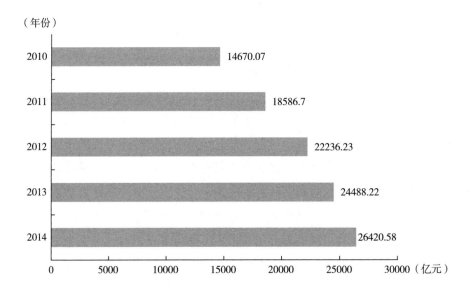

图 6-3 国家财政性教育经费支出

数据来源：国家统计局。

6.3 主营业务扩张与跨界游戏探索并行阶段（2014 年）

6.3.1 并购概况

2014 年文化长城为快速解决经营窘境，探索尝试转型游戏行业，如表 6-3

所示，文化长城在并购同行业企业的同时，开始尝试并购游戏行业企业。

表6-3　2014年文化长城主要并购事件

时间	目标企业	股权比例（％）	资金数额（万元）	支付方式	并购结果
2014年1月	上海沃势文化	20	3000	现金	转让
2014年6月	华沁瓷业	100	18000	现金	完成
2014年9月	深海游戏	100	22500	股份+现金	终止并购
2014年9月	金鱼陶瓷	75	74000	股份+现金	终止并购

数据来源：作者整理。

2014年1月，文化长城迈出了外延式并购的第一步，以3000万元收购上海沃势文化20%的股份。上海沃势文化成立于2013年1月，是一个面向全球的移动游戏发行的平台，专注于移动游戏的代理运营和自主研发。文化长城2014年1月公告，计划以自有资金出资3000万元认购上海沃势文化20%股权。2014年2月，文化长城完成对上海沃势文化的首期增资，以2000万元认购上海沃势文化新增注册资本，持有上海沃势文化13.33%股权。按照当时上海沃势文化的披露，上海沃势2013年营业收入645.81万元，实现净利润102.79万元。上海沃势承诺2014~2017年净利润分别不少于1200万元、1560万元、2028万元、2636万元。但鉴于上海沃势的实际经营业绩与原预计情况存在一定差距，文化长城决定收回该笔2000万元长期股权投资。2014年12月30日，文化长城以原价转让所持有上海沃势的全部股权，收回对上海沃势文化的长期股权投资。据打算并购上海沃势文化后又放弃的汉鼎宇佑后来披露，上海沃势2015年净利润仅实现760万元。

2014年6月3日，文化长城以1.8亿元现金支付的方式收购关联方华沁瓷业有限公司100%股权。华沁瓷业的成立时间为2014年5月27日，华沁瓷业旗下资产除了位于潮州市蔡陇村的土地与厂房外，无任何实际经营。华沁瓷业的股东一共有5位，分别为陈虞深、陈得光、陈钦龙、蔡延和和吴淡珠，分别是文化长城实控人蔡延祥的舅舅、表兄、姐夫、哥哥和配偶。

2014年9月文化长城拟以发行股份及支付现金的方式购买金鱼陶瓷75%股权和深海游戏100%股权。深海游戏成立于2012年末，是一家具有自主研发、运营能力的手机游戏公司。其主打产品《天剑奇缘》自 2013 年 11 月上线以来，在 iOS 平台 App 免费下载游戏排行中历史最高排名为第 4 名。金鱼陶瓷有限公司成立于 1991 年 8 月 31 日，主营业务为制造园林陶瓷、日用陶瓷、陈设艺术陶瓷。公司坚持诚信经营，金鱼陶瓷酒瓶被评为"江苏省名牌产品"，企业曾获"中国陶瓷行业名牌产品""江苏省高新技术企业""发展江苏陶瓷作出重大贡献"等荣誉。

文化长城拟通过发行股份和支付现金方式，以 2.25 亿元收购宜兴金鱼陶瓷 75% 股权；拟 12.64 元/股，发行 3512.66 万股，并支付现金 2.96 亿元，共计 7.4 亿元收购深海游戏 100% 的股权。两项收购涉及金额总计 9.65 亿元，超过了公司当时的净资产总额。2014 年 12 月 30 日长城陶瓷公司公告称：出于对自身发展战略及资源配置的考虑，综合考虑本次交易的各种风险因素，从保护全体股东利益及维护市场稳定出发，经公司与交易对方进行的充分协商，决定终止本次收购宜兴金鱼陶瓷和深海游戏的重大资产重组事项。

6.3.2 关联并购有侵害小股东利益之嫌

文化长城在 2014 年 6 月 3 日宣布以 1.8 亿元收购潮州市华沁瓷业有限公司（简称华沁瓷业）100% 股权，但华沁瓷业并非一家正常经营的公司。华沁瓷业成立于 2014 年 5 月 27 日，没有经营数据，估值 1.8 亿元主要基于其拥有的土地和地上建筑物。根据文化长城的公告，公司租赁华沁瓷业厂房用于装饰大型产品展厅及产品研发中心，租赁期为 2011~2078 年。这块土地的面积为 1.68 万平方米，平均每年租金仅需 128.31 万元，1.8 亿元的收购价相当于 140.29 年的租金。然而，公司公布的土地租赁使用权期限仅为 67 年，而且收购的土地单价也较周边同样用地贵了约一倍。

据长城集团 2014 年一季报，公司持有的货币现金从年初的 4.12 亿元大幅下降至 2.5 亿元，短期借款高达 2.8 亿元，账面现金不足以支付短期借款。如果收购华沁瓷业，在长城集团利润不断下滑的情形下，财务状况有可能进一步恶化。而在此情况下，文化长城仍以 1.8 亿元的高价收购华沁瓷业，加上华沁瓷业的五位股东都是文化长城实际控制人蔡延祥的亲戚这个因素，文化长城存在通过关联交易进行利益输送，损害中小股东利益的嫌疑。

6.3.3 非关联并购比较谨慎

这个阶段文化长城的非关联并购比较谨慎，对上海沃势文化采用非控股并购只购买 20% 股份，这样不需要投入很多资金，就可以作为主要股东参与上海沃势文化的经营，可以深入了解目标公司的内部情况，发现问题后同年末将股份原价转出，试错成本很小。文化长城拟收购宜兴金鱼陶瓷 75% 的股权和深海游戏 100% 股权，两项收购涉及金额总计 9.65 亿元，当年末长城文化发布公告称对自身发展战略及资源配置的考虑，综合考虑本次交易的各种风险因素，取消并购，这也反映了文化长城涉及非关联并购时比较谨慎。

6.4 探索跨界并购进入教育行业阶段（2015 年）

6.4.1 探索跨界并购进入教育行业阶段的并购概况

教育被认为是推动经济增长的重要因素，我国教育市场规模不断扩大，发展前景广阔，2015 年，文化长城看到了教育市场的巨大潜力，打算通过并购跨界进入教育行业。文化长城 2015 年的主要并购事件如表 6-4 所示。

表 6-4 2015 年文化长城主要并购事件

时间	目标企业	股权比例（%）	资金数额（万元）	支付方式	并购结果
2015 年 1 月	联讯教育	20	4000	现金	完成
2015 年 4 月	金鱼陶瓷	10	3000	现金	完成
2015 年 9 月	水晶球教育	100	100000	股份+现金	终止
2015 年 10 月	慧科教育	1.5	2500	现金	转让

数据来源：作者整理。

2015 年 1 月文化长城以现金 4000 万元购买了联讯教育 20% 股权。联讯教育联讯教育是广东十大知名品牌之一的自考培训机构，建于 1998 年，是一家教育信息化服务提供商，是从事智慧教育信息服务的专业运营机构。该公司的主营业务是运用移动通信、互联网、云计算、大数据等技术，构建教育信息化平台，为 K12 教育、职业教育的教育信息化提供服务，同时为职业院校实训室提供解决方案。

2014 年文化长城打算购买金鱼陶瓷 75%的股权，但基于风险太大的考虑终止收购该公司。2015 年公司重新进行评估，同年 4 月以 3000 万元现金收购了金鱼陶瓷 10%股权。金鱼陶瓷的主营业务为制造园林陶瓷、日用陶瓷、陈设艺术陶瓷。

水晶球教育于 1999 年 11 月 15 日成立，是一家互动教育软件及数字内容整体解决方案供应商。主要通过自主研发的软硬件平台为学校提供教育信息化整体解决方案。2015 年 9 月文化长城拟以发行股份及支付现金的方式收购交易对方合计持有的水晶球教育 100%股权。但 9 月 30 日，文化长城宣布停止收购，理由是 2015 年 4 月 15 日公司发布了《重大事项停牌公告》，在公司股票停牌期间资本市场出现剧烈震荡，自 2015 年 9 月 18 日公司股票复牌至今，主要受我国股票市场整体下跌幅度较大的影响，公司股票价格亦有所下降；同时交易对方对交易方案提出重大修改，双方存在较大分歧，经过反复协商，无法达成一致。为了维护公司及广大投资者利益，经公司与交易各方进行的充分协商，决定终止本次重大资产重组事项。

慧科教育成立于 2010 年 8 月，是国内创新且绝对领先的前沿科技领域综合教育解决方案提供商。结合国外知名院校的前沿课程体系，依托学术界专家学者及企业界技术权威等资源，慧科教育已陆续自主开发了移动互联网、云计算、大数据、互联网营销等 10 个热门领域专业方向的培养方案、课程体系和教学资源。2015 年 10 月公司拟以 2500 万元现金投资参股慧科教育 1.5%股权，文化长城称这次交易有利于完善公司的教育产业布局，拓宽公司教育产业的涵盖面，有助于公司进一步深入了解教育产业的各个环节和运作模式，为公司文化产业战略布局打下良好基础。

6.4.2 探索跨界并购进入教育行业阶段依然保持谨慎

在探索跨界并购接入教育行业阶段文化长城依然比较谨慎，这个阶段的 100%控股合并水晶球教育最终因种种原因终止并购，并购的其他三家公司均不是控股合并，占股比例较小，投入的资金也比较少，降低了投资失败可能产生的风险。

6.5 加速跨界并购进入教育行业阶段（2016~2018 年）

6.5.1 加速跨界并购进入教育行业阶段的并购概况

2016 年文化长城确定了工艺陶瓷与教育产业两大主业并重、相互促进的"陶瓷+教育"的发展战略，主营业务由单一的艺术陶瓷业务向艺术陶瓷业务与教育产业"双轮驱动"的双主业模式的转变在原有艺术陶瓷业务的基础上逐步构建其教育产业战略布局，文化长城经过前期探索阶段后，为了加速转型，2016~2017 年文化长城进行了三次金额较大的并购，先后收购了联讯教育 80% 股权、智游臻龙 100% 股权以及翡翠教育 100% 股权，试图实现在教育领域的长远发展，这个阶段文化长城的主要并购事件如表 6-5 所示。

表 6-5　2016~2018 年文化长城主要并购事件

宣告时间	目标企业	股权比例（%）	资金数额（万元）	支付方式	并购结果
2016 年 2 月	联讯教育	80	57600	现金+股份	完成
2016 年 10 月	智游臻龙	100	30000	现金	完成
2017 年 9 月	翡翠教育	100	157500	股份+现金	完成

数据来源：作者整理。

文化长城在 2015 年 1 月以 4000 万元收购了联讯教育 20% 股权，2016 年 2 月，再次以发行股份并且支付现金的方式，以 5.76 亿元对价收购联讯教育 80% 的股权。其中，交易价格的 40% 以现金支付，现金支付的金额为 23040 万元；交易价格的 60% 通过发行股份的形式支付，股份支付的金额为 34560 万元。

2016 年 10 月，文化长城与河南智游臻龙教育科技有限公司股东签署了《股权收购协议》，以支付现金的方式购买智游臻龙 100% 股权。以 2016 年 6 月 30 日为基准日进行评估，智游臻龙的 100% 股权估值为 30249.82 万元，最终将交易价格确定为 30000 万元。交易对价全部以现金的形式支付。

河南智游臻龙教育科技有限公司（简称智游臻龙）是一家集实训、研发、外包、投资、人才输出等多项业务于一体的综合性 IT 服务公司，成立于 2012 年 7 月，其注册资本为 1000 万元，公司总部位于河南郑州。智游臻龙致力于以技术研发创新为核心竞争力，培养 IT 人才为核心发展力。智游臻龙以顶尖、精密、创新、高效的产品理念，打造全国最专业的互联研发服务基地，服务领域涵盖数十个行业。

2017 年 9 月，文化长城通过发行股份及支付现金的方式购买翡翠教育 100% 股权，交易价格为 15.75 亿元，以 2016 年 12 月 31 日为评估基准日，翡翠教育 100% 股权使用收益法评估值为 14.04 亿元，由于翡翠教育股东在 2017 年 2 月向翡翠注入 1 亿元资金，最终将交易价格确定为 15.75 亿元。其中，交易对价的 47.83% 采用现金进行支付，现金支付价款为 7.53 亿元，交易对价的 52.17% 以发行股份的方式进行支付，以 14.93 元/股的价格增发 5504 万股股份，支付金额为 8.217 亿元。这是当年教育行业最大的并购案。此次并购形成商誉 12.07 亿元。2018 年 3 月 27 日，翡翠教育完成过户手续，成为文化长城的全资子公司。

北京翡翠教育科技有限公司（简称翡翠教育）是一家专注于移动互联网及数字娱乐领域职业教育的专业机构，成立于 2012 年，位于北京市海淀区。该机构致力于通过领先的技术方案、高品位的教育服务和变革性的创新资源，为个体及机构提供学习和教育服务，以培养移动互联网、Android 智能手机应用软件、iOS 平台开发、游戏研发、动漫设计等国家紧缺人才。翡翠教育业务范围广泛，涵盖技术培训、产品开发、产品孵化、产业合作等，并在全国多地设有培训基地，为学员提供优质的教学环境和后勤保障。此外，翡翠教育还积极与国内外顶尖高校和研究机构合作，共同打造完整的教育价值链，为学习者提供高品质的服务。

6.5.2 并购整合能力非常薄弱

在跨界并购前文化长城的经营能力很弱，价值创造能力与同行业龙头企业有很大差距，因为并购能力是比经营能力更复杂、更综合的能力，经营能力弱的公司通常并购能力也不强。并购能力包含多方面的并购子能力，最值得展开分析的是文化长城的并购整合能力非常薄弱，另外，虽然 2016 年以前文化长城多次尝试跨界并购，但成功完成的都是持股不大的非控股并购，文化长城并没有关于作为控股股东的并购整合经验。

（1）文化长城自身缺乏教育行业高级管理人才储备。对于跨界并购而言，有效的并购整合管理能力是促成并购成功与实现协同效应的关键要素之一，这一能力的构建深深根植于对目标行业的深刻理解与丰富的并购整合实践经验。然而，通过深入分析文化长城对外披露的信息发现，其董事会的 11 名成员、监事会的 5 名成员以及高级管理层的 5 名核心人物，在跨界并购行动启动前，均未展现出与目标并购行业直接相关的学习背景或职业经历。这一现象直接反映了文化长城在跨界并购前，缺乏具备行业专识的管理人才储备。

（2）过于依赖目标公司原高管团队。文化长城对子公司的核心管理团队给予了超额业绩奖励的激励措施，意在降低代理成本。但对联汛教育与翡翠教育等子公司的关键管理岗位人员委派与监督方面存在明显不足。文化长城与联讯教育签订协议，要求联汛教育应尽量保持高级管理人员、核心人员（包括技术、业务等部门）的稳定，自股权交割日起仍需至少在联汛教育任职 36 个月不离职。对于翡翠教育，文化长城采取同样的方法，不改变翡翠教育的经营管理方针和经营管理架构，其核心管理团队鲁志宏、李振舟等承诺，为保证翡翠教育平稳过渡并继续发展，自股权交割日起继续任职至少 60 个月，以此保证翡翠教育核心研发、市场等核心人员的稳定性。文化长城并未直接委派管理人员入驻子公司的关键业务部门，导致实际控制权几乎完全掌握在子公司管理层手中。这种权力结构的不平衡，为子公司提供了可能滥用职权、随意决策的空间，增加了母公司的管理风险和不确定性。

综上所述，文化长城几乎没有跨界并购整合能力，对并购来的子公司的运营几乎放弃管理，更谈不上整合两家子公司实现客户资源共享：业务捆绑，从而实现增加收入、降低成本。即使是业务相关度高的子公司之间，战略协同效应都没发挥出来，更没有实现全集团范围内资源的合理配置和业务的合理搭配。这与实现企业双主业模式、优化业务结构的战略初衷相背离。

6.6 系列并购后至退市阶段（2019~2023年）

6.6.1 两家子公司相继失控

翡翠教育的100%股权已于2018年3月27日转移登记至原告名下。2019年6月24日，文化长城发布公告称，"由于翡翠教育核心管理团队的阻挠，以及其实施的违反协议、违反公司法和公司章程，致使公司无法对翡翠教育的重大经营决策、人事、财务、资金等实施控制，公司于收购后已经在事实上对翡翠教育失去控制"。在收购完成后，虽然在形式上完成了股权变更，但由于翡翠教育核心管理团队拒绝接受文化长城管理，作为翡翠教育唯一股东的文化长城始终无法通过股东决议、董事会有效控制翡翠教育，也始终无法知悉翡翠教育的业务、财务、人事任免及对外投资、诉讼状况等重大事项。

2020年1月23日，文化长城发布公告称对联汛教育失去控制，称联汛教育2018年违反公司章程约定，擅自购买大额无形资产；在2018年年审期间以及上市公司对其2018年财务报表补充审计期间，管理层拒绝配合执行核心审计程序，导致审计机构无法确认联汛教育原股东2018年业绩承诺实现情况，导致上市公司无法依据《盈利及减值补偿协议》确认联汛教育原股东的补偿责任；另外，文化长城作为100%股权的股东做出2017年度分红4200万元的决定，之后联汛教育核心管理层以资金紧张为由拒绝分红。

6.6.2 被实施风险警示直至退市

2021年10月，文化长城由于违规向原实际控制人提供非经营性资金约4.54亿元，被实施其他风险警示，公司股票简称由"文化长城"变更为"ST文化"。

因文化长城2021年度经审计的扣除非经常性损益前后孰低的净利润为负值，且扣除与主营业务无关的业务收入和不具备商业实质的收入后的营收低于1亿元，2021年度财务报告被出具无法表示意见的审计报告，文化长城股票交易自2022年5月6日起被实施退市风险警示，股票简称变更为"＊ST文化"。

2023 年 4 月 29 日，文化长城披露了被实施退市风险警示后的首个年度财务报告，2022 年度经审计的扣除非经常性损益前后孰低的净利润仍为负值，且扣除与主营业务无关的业务收入和不具备商业实质的收入后的营收仍低于 1 亿元，2022 年度财务报告还是被出具无法表示意见的审计报告。文化长城已触及深交所上市规则中规定的股票终止上市情形。

　　2023 年 6 月 12 日，文化长城收到了深交所终止其股票上市的决定。公司股票将于 2023 年 6 月 20 日起，进入 15 个交易日的退市整理期交易，股票简称变更为"文化退"。7 月 12 日，广东文化长城集团股份有限公司（300089.SZ，简称文化退）发布公告称，因深圳证券交易所决定终止公司股票上市，经过 15 个交易日的退市整理期后，公司股票将在 7 月 13 日被摘牌。

6.7　文化长城系列并购前后价值创造能力分析

　　文化长城 2010 年上市，从 2019 年开始对其价值创造能力的变化进行分析。文化长城营业收入和净利润的变化如图 6-4 所示。

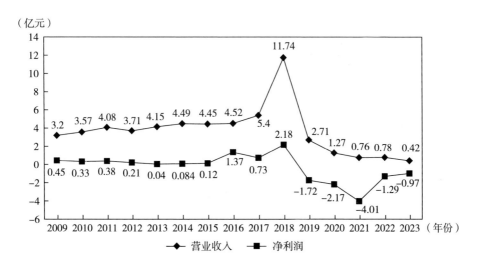

图 6-4　2009~2023 年文化长城营业收入、净利润

自 2010 年上市后，尽管文化长城的营业收入稳定在 4 亿元左右，但高昂的成本和不断攀升的费用持续侵蚀企业利润。2010 年净利润为 0.33 亿元，但到 2013 年已降至 0.04 亿元。虽然 2014~2015 年净利润出现上涨，但 2015 年的净利润也仅为 0.12 亿元，2016 年，联汛教育和智游臻龙的财务数据并入了文化长城的总表，同时，由于给予了很高的溢价收购条件，文化长城手中原持有的联汛教育 20% 股权价值大增，实现账面投资收益 9402.85 万元，文化长城的净利润从 1000 多万元迅速增长到 1.37 亿元。

2019 年 4 月 30 日，年报披露的最后一天，文化长城披露了其 2018 年度报告，2018 年，文化长城净利润上涨到 2.18 亿元。营业收入更是大幅上涨到 11.74 亿元，同比增长 117.31%；归属于上市公司股东的净利润为 2.05 亿元，同比增长 178.85%。翡翠教育分别占文化长城合并营业收入和净利润的 45.72% 和 63.24%。

与年报同时披露的还有大华所出具的无法表示意见审计报告，导致大华无法发表审计意见的事项主要有三个：一是文化长城全资子公司北京翡翠教育科技集团有限公司（简称翡翠教育）审计范围受限，无法判断相关事项的影响；二是文化长城全资子公司联讯教育采购大额无形资产，大华所无法获取充分、适当的审计证据，因此也无法判断此事项的真实性；三是文化长城期末预付、其他应收 3 家企业——潮州市枫溪区锦汇陶瓷原料厂（以下简称锦汇陶瓷）、潮州市名源陶瓷有限公司（以下简称名源陶瓷）、潮州市源发陶瓷有限公司（以下简称源发陶瓷）的余额为 5.35 亿元，由于未能获取充分适当的审计证据，无法判断该等款项的性质及期后的可回收性。2020 年文化长城发布了自查会计差错更正专项说明，由于联讯教育和翡翠教育两家子公司失控不再并表和计提高额商誉减值，以及计提坏账准备等，对 2018 年年报进行了大幅修正，将 2018 年净利润下修 18.9 亿元，调整后 2018 年由盈转亏，净利润为-16.7 亿元。

此后，2019~2023 年文化长城营业收入呈持续下降趋势，净利润持续保持负值，尤其 2021 年净利润暴跌至-4.01 亿元。2018 年以后直至退市，一直处于亏损状态的文化长城涉及子公司失控、债务逾期、行政处罚、多起诉讼等问题不断。

6.8　案例启示

　　30 年间，从一家小小的陶瓷厂，到创业板文化陶瓷第一股，到之后的教育"长城"，再到如今大厦坍塌，行至退市，着实令人唏嘘。从企业并购的角度，文化长城带给我们以下四点启示。

　　第一，客观认识自身并购能力。在做出并购决策前，企业应全面客观地评估自身的并购能力，包括并购支付能力、并购整合能力等，确保并购决策与企业的实际能力和战略目标相符，从而提高并购成功的可能性。

　　第二，审慎进行跨界并购。同行业或是相关行业的并购对目标公司的运营方式比较熟悉，风险相对于跨界并购要小一些，跨界并购由于进入不熟悉的领域风险会大很多。并购是企业最复杂的投资活动和管理活动，不论哪种并购，对并购企业的能力要求都很高，都有很大的风险，而跨界并购是难度和风险最大的并购活动，企业要审慎进行跨界并购。

　　第三，系列并购要根据自身实力不能过快过急，不要采用连续式并购模式。特别是自身实力不强，并且在一个不熟悉的领域进行跨界并购，应该放慢并购节奏，稳妥的方式是稳扎稳打，采用间隔式并购模式，并购一个整合一个，以初始并购为进入新领域的敲门砖，不断学习、消化、复盘经验教训，而后再进行后续并购。

　　第四，经营能力差的企业通常很难通过并购改善经营业绩。文化长城在进行一系列并购前，经营管理能力不强，而并购是最复杂的企业管理活动，经营能力差的企业通常来说并购能力也比较差，很难通过并购的方式提高经营能力，改善经营业绩。

6.9 本章小结

本章对文化长城系列并购失败案例进行分析，成功的系列并购是企业价值创造的利器，但不是所有企业都有能力和条件使用好这个利器。文化长城自身经营能力不强，并购能力薄弱，采用连续型并购模式盲目进行跨界系列并购，不仅没有通过系列并购创造价值，而且严重毁损了企业价值直至退市。企业进行系列并购前要充分考虑自身实力，不能盲目进行系列并购。

7 青岛啤酒系列并购案例分析

本章运用案例研究法对企业系列并购实践过程进行研究，分析企业系列并购过程中经营能力和并购能力的变化趋势，可以更深入、更细致地挖掘企业系列并购价值创造的内在规律，对企业系列并购实践更具指导意义。

青岛啤酒（股票代码：600600）是我国乃至世界闻名的啤酒企业，其从1994年开始通过进行一系列并购发展壮大的历程，是系列并购研究的经典案例，是企业进行系列并购获得"珍珠项链效应"的典范。本章从不同于以往案例研究的视角，在总结青岛啤酒并购背景和青岛啤酒实施系列并购动因的基础上，运用企业系列并购的"双力驱动价值创造模型"，对青岛啤酒系列并购历程中经营能力和并购能力相互作用、相互影响的演进过程以及由此产生的价值创造结果进行分析和探究。

7.1 青岛啤酒现状及系列并购背景

7.1.1 青岛啤酒现状

青岛啤酒股份有限公司（简称青岛啤酒）创建于 1903 年，经营范围是啤酒制造、销售以及与之相关的业务，1993 年 7 月在中国香港上市，是中国内地第一家在海外上市的企业，同年 8 月在上海证券交易所上市，成为中国首家在两地同时上市的公司。公司实际控制人为青岛市国资委。目前，青岛啤酒在国内拥有

54 家全资和控股的啤酒生产企业，12 家联营及合营啤酒生产企业，分布在全国 20 个省（自治区、直辖市），公司规模和市场份额居国内啤酒行业领先地位。目前青岛啤酒销售网络遍布全国，并且远销美国、加拿大、英国、法国等世界 120 多个国家和地区。

左手匠心，右手创新，青岛啤酒魅力好品持续"上新"，有一世传奇、百年之旅、经典 1903、纯生、白啤、精品原浆、水晶纯生、奥古特 A6、鸿运当头、黑啤、皮尔森、IPA 等九大系列 70 多个品种，以百年匠心，酿国货潮品。

2024 年，世界品牌实验室发布 2024 年《中国 500 最具价值品牌》榜单，青岛啤酒品牌价值达 2646.75 亿元，连续 21 年摘得中国啤酒品牌第一桂冠。青岛啤酒公司旗下的崂山啤酒、汉斯啤酒、青岛啤酒博物馆、王子以及 TSINGTAO 1903 青岛啤酒吧分别以 693.17 亿元、405.37 亿元、376.82 亿元、72.81 亿元、72.75 亿元同时上榜，青岛啤酒及其子品牌的品牌价值总和超 4267 亿元。世界品牌实验室的专家和顾问来自哈佛大学、耶鲁大学、麻省理工学院、哥伦比亚大学、牛津大学、剑桥大学、欧洲工商管理学院等世界顶级学府，其研究成果已经成为许多企业并购过程中无形资产评估的重要依据，连续 21 年发布的《中国 500 最具价值品牌》采用"收益现值法"对品牌价值进行测评。

青岛啤酒获奖无数，几乎囊括 1949 年中华人民共和国成立以来举办的啤酒质量评比的所有金奖，并在世界各地举办的国际评比大赛中多次荣获金奖。

7.1.2　青岛啤酒系列并购背景

（1）啤酒行业背景。20 世纪 90 年代初，随着中国经济的迅速增长，中国啤酒产业发展迅猛，1980~1993 年中国啤酒产量呈梯次提高趋势，其产量及变化趋势（部分年份）分别如表 7-1 和图 7-1 所示。

表 7-1　1980~1993 年中国啤酒产量（部分年份）

年份	1980	1985	1987	1988	1990	1993
全国啤酒产量（万吨）	69.8	310.4	540	662.8	692.1	1190

资料来源：作者整理。

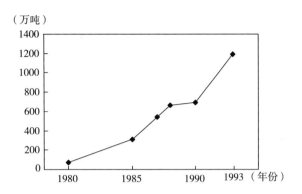

图 7-1 1980~1993 年中国啤酒产量（部分年份）

1993 年，中国啤酒总产量已仅次于美国啤酒总产量，中国作为第二大啤酒生产国家，人均消费却只有 10 升左右，不到世界年人均消费量的 50%，具有巨大的发展潜力和空间。20 世纪 90 年代初，美国、日本、德国等国际著名的啤酒企业看好中国啤酒行业发展的广阔市场前景，纷纷进入中国市场，90 年代中期，数十家外国啤酒厂商来到中国。

由于长距离运输会导致运费及产品保鲜成本等增加，因此啤酒有一定的销售半径，当时的国内啤酒企业大多在所在地区及附近地区销售，即"地产地销"，加之缺乏有效的行业管理，当时的中国啤酒企业高度分散，全国啤酒生产企业有800 多家，普遍生产规模较小，其中年产量在 5 万吨以上的只有 80 多家，许多中小型啤酒企业由于管理落后、设备老旧等，连年亏损。

（2）青岛啤酒企业背景。青岛啤酒历史悠久，始建于 1903 年，其前身是英国和德国商人共同出资建造的"日耳曼啤酒青岛股份公司"，当时的生产设备和原材料均从德国进口，产品曾在 1906 年慕尼黑国际博览会上获得金奖，1916 年青岛啤酒被日本人购买经营。解放后青岛啤酒作为国有企业，改名为"国营青岛啤酒厂"。1993 年国营青岛啤酒厂在吸收合并中外合资青岛啤酒第二有限公司、中外合作青岛啤酒第三有限公司及国有青岛啤酒四厂的基础上，创立了青岛啤酒股份有限公司。

青岛啤酒在国内外有非常高的品牌知名度，多次获得国内外奖项，据不完全统计，至 1993 年青岛啤酒获奖情况如表 7-2 所示。

表 7-2　至 1993 年青岛啤酒获奖情况（不完全统计）

年份	授奖活动	获奖情况
1906	德国慕尼黑博览会	金奖
1963	首次全国啤酒质量评比会	国家名酒并获唯一金奖
1980	所有国际级全国啤酒质量评比	金奖
1990		
1981	美国华盛顿国际啤酒会	三次荣登榜首，并成为美国本土销量最高的亚洲啤酒
1985		
1987		
1988	中国食品博览会	中国食品博览会金奖
1991	比利时布鲁塞尔蒙顿国际评比	金奖
1991	中国首届十大驰名商标	中国十大驰名商标
1992	中国消费者信得过企业评选	优质奖
1993	新加坡国际饮品博览会	金奖

资料来源：周锡冰（2011）。

1993 年 7 月青岛啤酒在中国香港上市，是国内第一家上市的啤酒企业。同年 8 月，青岛啤酒 A 股在上交所持牌交易，两次发行股票共募集资金 16 亿元。但是，在计划经济体制下，青岛啤酒只负责生产，产品由糖业烟酒公司统一销售。1993 年青岛啤酒产量只有 28 万吨，仅占全国 2.3% 的市场份额。

（3）青岛实施系列并购动因。青岛啤酒自 20 世纪 90 年代初开始实施并购战略，走上并购式发展道路，这既有当时大环境下的行业背景，也有青岛啤酒自身的考虑。

1）青岛啤酒虽然获奖无数，具有非常高的品牌知名度，但是由于青岛啤酒长期以来受计划经济体制影响，定位于生产中高档啤酒，当时中高档啤酒仅占全国市场的约 15%，而增长最快速、潜力最巨大的是占啤酒消费总量 85% 的大众啤酒市场（郎咸平，2009）。1993 年青岛啤酒产量只有 28 万吨，仅占全国 2.3% 的市场份额。

2）1993 年 7 月青岛啤酒在中国香港上市，成为首家在中国香港上市的国有企业，并于同年 8 月在上海证券交易所上市。上市后，青岛啤酒获得巨额的股东资金，这些资金投入青岛啤酒后不能在银行闲置，股东要求更高的回报。

3）啤酒行业对规模生产有较高的要求，生产啤酒需要大型设备和大型厂房。如果通过新建工厂的方式扩大产能，不仅投资成本较高，时间也长。通过并购一些经营不善的啤酒企业，能够在快速扩大产能的同时消灭竞争对手；而且，由于帮助当地政府增加税收，解决就业困难，因此不仅能够消除当地市场的进入壁垒，还能够获得一些优惠政策。

4）国家鼓励并购亏损和濒临破产企业，盘活国有不良资产，降低行业的退出成本，能够避免资源重复配置，改善行业结构。面对我国啤酒行业巨大的市场需求和生产企业小、散、乱的现状，1997 年国家正式出台《啤酒行业产品结构调整方案》，明确提出支持大企业、大集团发展壮大，并出台相关优惠政策。

综合以上几个方面的因素，从 1994 年开始，青岛啤酒开始系列并购历程以实现其扩张战略，通过收购中低端大众品牌，改善产品结构，进入当地市场，从而打开大众市场，为股东创造更大的价值。

7.2 初始并购阶段（1994~1996 年）

7.2.1 初始并购阶段的并购概况

如表 7-3 所示，1994~1996 年青岛啤酒并购了 2 家濒临破产的外省啤酒企业——扬州啤酒厂和西安汉斯啤酒厂，从此拉开青岛啤酒实施系列并购战略的大幕。

表 7-3 1994~1996 年青岛啤酒主要并购事件

年份	目标企业	股权比例（%）	资金数额（万元）
1994 年	扬州啤酒厂	100	8000
1995 年	西安汉斯啤酒厂	55	8250

资料来源：作者整理。

1994 年 12 月，青岛啤酒斥资 8000 万元收购扬州啤酒厂，从此开启了青岛啤酒系列并购的历程。并购后青岛啤酒并没有将技术和工艺输入扬州啤酒厂，只是将扬州啤酒厂生产的啤酒换成青岛啤酒的商标，扬州啤酒的质量并未改变，给消费者的感觉是同一品牌的啤酒却口味不一致，青岛啤酒在当地消费者心目中的品牌形象受到损害。扬州啤酒厂在被并购后三年内亏损5000多万元。这次并购的失败使青岛啤酒管理层认识到品牌和质量的重要性，开始调整策略，将原先的品牌延伸战略逐步转换为多品牌战略。1995年12月，青岛啤酒以8250万元收购西安汉斯啤酒55%的股权，并购后的西安汉斯啤酒没有使用青岛啤酒的品牌，而是继续使用汉斯啤酒的品牌。1996年西安汉斯啤酒厂亏损2400万元。这使得青岛啤酒意识到，除品牌之外，对并购对象进行整合也十分重要。1996年青岛啤酒暂停并购的步伐，着手进行内部整合。

7.2.2 初始并购阶段经营能力总体较低

虽然青岛啤酒的品质很好，但管理能力并不突出。由于长期受到计划经济的影响，因此当时青岛啤酒还没有自己的销售公司，自身几乎没有营销能力。这个阶段的青岛啤酒自身生产经营能力十分不平衡，虽然产品品质很好，但产量小，管理能力、营销能力薄弱，总体来看其经营能力仍处于比较低的阶段。

7.2.3 初始并购阶段并购能力较弱

在这个阶段，青岛啤酒的并购支付能力和并购整合能力明显呈现一强一弱的特点。由于上市后拥有大量资金，这一时期青岛啤酒的并购支付能力很强。与此同时，青岛啤酒在这一时期并购的目标企业均为生产能力和管理水平低下的中小企业，虽然并购这类濒临破产企业支付的对价都比较低，但明显反映出这一时期的青岛啤酒并购整合能力非常薄弱，表现为：①几乎没有并购的经验，不知道怎样进行整合。②青岛啤酒自身人力资源有限，没有把自身的技术、企业文化等输入被并购的子公司。③这段时间青岛啤酒的管理能力一般，营销能力几乎为零，无法向目标公司输入优秀的管理经验和营销经验。所以在这一时期，被青岛啤酒并购的企业只是在法律上属于青岛啤酒，目标企业的经营能力实际上并没有发生明显的变化，处于继续亏损状态。

7.2.4 初始并购阶段毁损企业价值

在青岛啤酒实施并购战略的初期，一方面，由于缺乏并购经验，对并购进来的企业基本没有进行相应的整合，另一方面，由于计划经济的影响，青岛啤酒自身的管理能力和营销能力都很薄弱，也没有能力对并购进来的企业进行有效的整合，因此，并购进来的子公司的经营能力没有得到提高，继续延续亏损状态，加之允许扬州啤酒厂使用青岛啤酒的品牌，对青岛啤酒的声誉造成了影响。青岛啤酒进行系列并购的初期不但没有取得"1+1>2"的效果，甚至出现了"1+1<2"的结果。1993~1996年青岛啤酒的营业收入和净利润如图7-2所示。可以看出青岛啤酒1993~1996年的营业收入从10.49亿元增加到15.16亿元，增加了44.5%，净利润却从2.26亿元降为0.7亿元，相当于1993年利润的1/3。

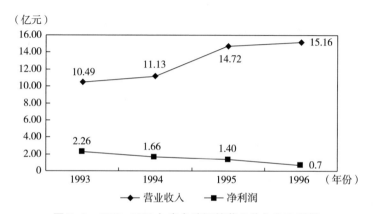

图7-2 1993~1996年青岛啤酒的营业收入和净利润

资料来源：作者根据年报整理。

1993~1996年青岛啤酒的净资产收益率如表7-4所示，1993年青岛啤酒的净资产收益率为12.08%，价值创造效率很高。之后，随着并购这两家亏损企业，青岛啤酒的净资产收益率不断下降，1996年已经下降至3.35%。并购这两家亏损企业不但没有为青岛啤酒创造价值，反而降低了青岛啤酒整体的价值创造能力，毁损了青岛啤酒的价值。

表7-4 1993~1996年青岛啤酒净资产收益率

年份	1993	1994	1995	1996
ROE（%）	12.08	8.67	6.92	3.35

资料来源：作者根据年报整理。

7.3 频繁并购阶段（1997～2001 年）

7.3.1 频繁并购阶段的并购概况

1997～2001 年，青岛啤酒采用典型的"连续型并购模式"，每年都会进行多次并购，进入快速扩张时期。这个阶段青岛啤酒的主要并购事件如表 7-5 所示。

表 7-5 1997～2001 年青岛啤酒主要并购事件

年份	目标企业	股权比例	资金数额（万元）
1997	日照啤酒厂	绝对控股	950
	青岛北海啤酒厂	绝对控股	6000
1998	山东花王集团啤酒厂	60%	1250
	平原县啤酒厂	95%	1313
	鸡西兴凯湖有限责任公司	95%	承担债务
1999	（山东）荣成东方啤酒厂	70%	承担债务（2817.4）
	湖北黄石啤酒厂	100%	475
	广东皇妹啤酒厂	60%	3000
	上海啤酒有限公司	75%	3800
	滕州市啤酒厂	95%	1100
	徐州金波啤酒厂	60%	1420
	潍坊啤酒厂	100%	350
2000	徐州汇福集团公司啤酒厂	100%	1600
	廊坊市啤酒厂	95%	400
	渭南市秦力啤酒厂	72%	2000
	崂山啤酒厂	56.21%	2961.9
	嘉酿（上海）有限公司	75%	15375
	重庆垫江啤酒有限责任公司	95%	700 万元，并承担债务（5032.5）
	北京五星啤酒有限公司	62.64%	18600
	北京三环亚太啤酒有限公司	54%	
	黑龙江龙泉啤酒有限公司	100%	988

续表

年份	目标企业	股权比例	资金数额（万元）
	江苏太仓啤酒厂	100%	500
	第一家（福建）啤酒有限公司	51%	8500
2001	广西南宁万泰啤酒厂	30%	9600
	湖北随州啤酒厂	90%	2799
	湖北天门啤酒厂	90%	3100

资料来源：作者整理。

　　青岛啤酒在总结前一阶段并购实践经验教训的基础上，从 1997 年开始采取"高起点发展，低成本扩张"战略，以"做大做强"及"低成本收购"作为其经营战略核心，以尽可能低的成本积极提高产量和产品在国内市场的占有率。通过并购地方啤酒企业迅速进入各地啤酒市场，快速获得市场份额。1998 年亚洲金融危机爆发，啤酒企业纷纷收缩对外投资。青岛啤酒抓住一些国内啤酒企业陷入经营困境及部分外资啤酒企业有意退出中国市场的机遇，频繁进行并购。到 1999 年，先后有 11 家山东省内啤酒企业被青岛啤酒收归麾下，初步实现山东啤酒市场的统一。

　　这一时期青岛啤酒开始收购具有外资背景的企业，1999 年收购具有加拿大资金背景的皇妹啤酒厂和具有马来西亚资金背景的上海啤酒有限公司，2000 年又收购上海嘉士伯啤酒（嘉酿上海有限公司）、北京五星啤酒和北京三环啤酒，2001 年并购新加坡私人独资的第一家啤酒有限公司和广西南宁万泰厂。

　　经过几年大规模收购，至 2001 年青岛啤酒已经先后收购了分布在湖北、广东、上海、北京、江苏、河北、广西等全国 17 个省（区、市）的 46 家啤酒企业，规模迅速扩大，生产能力也从 1997 年的 55 万吨达到 2001 年的 380 万吨，市场占有率由 1997 年的 2.2%上升至 2001 年的 10.7%。至此，青岛啤酒已基本完成了以青岛为中心、北至黑龙江、南至深圳、东到上海、西至陕西的全国性战略布局，从一个地方性啤酒企业转变成中国最大的全国性啤酒企业集团。

7.3.2　频繁并购阶段存在的突出问题

　　从青岛啤酒的经营业绩可以看出，虽然经过频繁的并购，但青岛啤酒的价值创造能力却不升反降，根本原因主要是整合跟不上并购的步伐，具体表现有以下几点：

（1）并购与整合投入失衡，急于抢占市场。出于迅速抢占市场的目的，这一阶段青岛啤酒并购了众多公司，管理层在并购方面投入的精力和财力较多，但对并购后目标企业进行整合方面投入的精力和财力相对较少，在经营上没有形成对这些目标企业的有效控制。

（2）整合难度大，整合成本高。青岛啤酒集团时任总经理彭作义曾经说："收购外资企业成本尽管比国内企业要高，但相对而言，仍然是低成本，比我们建一个同样的厂子，成本要低三至四成。"可见，目标企业的重置成本低于目标企业的买价，青岛啤酒通过一系列并购，不论是外资企业还是内资企业，均获得了价值巨大的价值捕获（转移）效应。在"低成本收购"策略下，2000年以前，青岛啤酒并购的企业主要是经营不善、濒临破产的中小企业，采用破产收购、承债式收购的方式进行并购，同时还可以享受国家贴息挂账等优惠政策。收购这类企业主要考虑并购支付的对价较低，能够比较便宜地获得与生产啤酒有关的生产设备等物质资源，以较快的速度进入当地市场。但经过几年的并购实践后，青岛啤酒发现，并购这些规模较小、微利、高负债的企业经常要承担债务，安置原有员工，而且由于被并购企业规模小，生产设备往往达不到青岛啤酒的生产标准，并购后必须投入大量资金改造提升厂房、机器设备才能投入生产，整合难度很大，整合成本很高。2000年青岛啤酒一共投放5.3亿美元作为提升厂房的费用，收购总成本比收购价格高了一倍，2001年更甚，收购总成本是收购价的3倍（郎咸平，2009）。2000年和2001年青岛啤酒并购目标企业厂房实际成本如表7-6所示。

表7-6　并购厂房实际成本　　　　　　　　　　单位：亿美元

年份	收购价	提升厂房费用	收购总成本
2000	4.9	5.3	10.2
2001	2.7	6.8	9.5

资料来源：郎咸平（2009）。

（3）缺乏整体的营销规划，没有统一调控的营销体系。由于没有进行有效的整合，这一阶段青岛啤酒旗下的子公司基本处于各自为战的状态，在营销方面表现得尤为突出，由于没有整体的规划和统一的营销体系，因此同一地区子公司的营销范围没有清晰的划分，各自有独立的销售网络，造成同一个地区不同子公司生产的啤酒相互竞争，形成内耗，同时也对青岛啤酒自身形象造成负面影响。

（4）品牌混乱，影响品牌形象。青岛啤酒实行大品牌战略，被并购的子公司一般都使用原来的商标，只是在商标上加注"青岛啤酒家族系列产品"字样。由于青岛啤酒的大规模并购，这一阶段众多企业被并购到青岛啤酒旗下，一时间青岛啤酒旗下品牌骤增，众多品牌容易给消费者造成混乱的感觉，且不同品牌的啤酒口味差异比较大，对青岛啤酒的品牌造成一定程度的损害。

7.3.3 开始注重提高自身的经营能力

这一阶段，青岛啤酒开始注重通过并购先进的外资企业以学习先进的管理经验，同时有意识地培养和提高自身的能力。一是通过并购外资品牌企业向青岛啤酒输送了先进的技术、设备、人才和管理经验。并购这类企业不仅能够得到啤酒生产设备等物质资源，还可以学习外资啤酒企业的技术和管理经验。例如：嘉士伯啤酒集团是一家坐落于丹麦的世界著名啤酒制造商，是世界五大品牌啤酒之一。上海嘉士伯虽然连续两年亏损，但装备优良，大部分设备是非常现代化的进口设备，技术水平很高，管理人员都经过专业的正规培训。青岛啤酒通过与上海嘉士伯的互补式融合，提升了自身的品牌价值，青岛啤酒也借此契机学习世界知名啤酒企业的管理经验。二是 2000 年青岛啤酒开始进行计算机信息网络建设，在本部先使用 ERP 系统，以物流、资金流和信息流为主线，改造业务流程，提高对市场的反应能力及企业的综合管理能力。

这一阶段青岛啤酒的自身管理能力和营销能力均有所提高，对其并购能力的提升起到了积极的促进作用，但这一时期青岛啤酒的管理能力和营销能力总体还处在比较低的阶段。

7.3.4 并购能力有所提高

（1）选择目标公司的标准从追求数量转变为追求质量。从 2000 年开始，青岛啤酒的目标企业识别能力有所提高，目标企业的选取标准发生重大改变，目标企业的选择从单纯的低成本和占领市场逐渐转变为更加关注目标企业的质量和对青岛啤酒整体战略布局的意义，更加倾向于并购沿海发达省份技术、设备、人才和管理等方面较为优质的大中企业，从前期追求并购的数量逐渐转变为追求并购的质量。

（2）整合能力有所提高。一是青岛啤酒派出高层管理人员和酿酒师进入并入的子公司，虽然还没有完全把青岛啤酒的企业文化、经营理念、管理模式和生产工艺技术输出到子公司，但相较于前一阶段已经有很大进步。二是自2000年起青岛啤酒开始实施整合战略，按地域把全国的子公司划分成几个区域事业部，实行统一的产供销和行政管理，共同使用运输、分销系统，实现资源优化配置。三是围绕提高绩效和经营能力，对部分子公司内部进行改革和调整，如1995年并购的濒临破产的西安汉斯啤酒，经过内部调整，1997年底扭亏为盈，1999年实现利税5000多万元。

（3）不再谋求绝对控股。2001年11月，青岛啤酒仅用9600万元，以30%的参股权，获得年产25万吨啤酒、拥有8个多亿元资产的南宁万泰啤酒厂的经营权和控制权，标志着青岛啤酒不再像之前那样谋求"绝对控股"，而是要掌握被并购企业的经营支配权，以小搏大，尽量将并购所具有的控制资源的杠杆作用发挥到最大。

7.3.5 频繁并购阶段毁损企业价值

通过这个阶段的频繁并购，青岛啤酒规模迅速扩大，基本完成了全国性战略布局，市场占有率从1996年的3%上升到2001年的11%，产销量从1996年的37万吨急剧扩张至2001年的251万吨。

与青岛啤酒规模迅速扩大形成强烈反差的是，1997~2001年，虽然青岛啤酒营业收入不断攀升，但其净利润却几乎不变。2001年青岛啤酒营业收入52.77亿元，比1997年增长112%，但净利润仅有不到1.03亿元，还不及1993年2.26亿元的净利润，2001年的销售净利润率只有1.95%。这个阶段青岛啤酒各年的营业收入和净利润如图7-3所示。

青岛啤酒这一阶段的净资产收益率如表7-7所示。可以看出，青岛啤酒的净资产收益率在这个阶段一直处于很低的水平，与股东要求的回报差距很大，显然这个阶段没能为股东创造价值，而且毁损了股东价值。

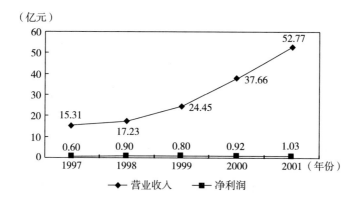

图 7-3 1997~2001 年青岛啤酒营业收入和净利润

资料来源：作者根据年报整理。

表 7-7 1997~2001 年青岛啤酒净资产收益率

年份	1997	1998	1999	2000	2001
ROE（%）	2.85	4.40	3.98	4.33	3.76

资料来源：作者根据年报整理。

产生这种现象的原因主要有三个方面：其一，部分子公司出现较大亏损，亏损最多的子公司北京青岛三环有限公司亏损达 3590 万元。其二，频繁并购耗用了大量资金。其三，收购后的资产整合和技术改造需要投入大量资金。青岛啤酒1993 年销售费用率仅为 2.66%，管理费用率仅为 3.33%，而 1997~2001 年 5 年间，青岛啤酒平均销售费用率高达 15%，平均管理费用率高达 8.7%，销售费用和管理费用都增长很快。

这一阶段的频繁并购虽然使青岛啤酒控制的资源不断增长，市场占有率和产能也迅速提高，但因没有及时对被并购的企业进行有效整合，频繁并购造成"消化不良"，价值创造效率严重下降，毁损了企业价值。

7.4 以内部整合为主的阶段（2002~2007年）

7.4.1 以内部整合为主阶段的并购概况

从2002年开始，青岛啤酒将"做大做强"的扩张战略调整为"做强做大"的整合战略，放慢并购的速度，将主要精力放在提高自身的经营能力和对被并购企业的整合上，由"外延式扩张"向"内涵式发展"转变。这个阶段青岛啤酒的主要并购事件如表7-8所示。

表7-8 2002~2007年青岛啤酒主要并购事件

年份	目标企业	股权比例	资金数额（万元）
2002	厦门银城股份有限公司	资产收购	16603

资料来源：作者整理。

7.4.2 经营能力突飞猛进

并购众多目标企业后产生的高难度管理问题，促使青岛啤酒不断通过品牌整合、价值链优化等管理创新、知识创新和组织变革，提升自身的经营能力，尤其是管理能力和营销能力，从而提高企业盈利能力。

2002年10月，青岛啤酒和当时世界上最大的啤酒酿造企业安海斯—布希（简称AB公司）签署战略投资协议，根据协议，青岛啤酒向AB公司分三次发行总额为1.82亿美元的定向可转换债券，这些债券在7年内全部转换成股权，AB公司全部股权转换后成为青岛啤酒的第二大股东。通过与AB公司结成战略联盟，利用资本纽带，青岛啤酒不但获得进一步并购和整合的资金，而且实现与AB公司在管理、技术、人才等各方面资源的共享，学习其先进的管理办法和管理工具，规范了公司治理和运作模式，提升了公司的治理水平和国际化运作能力。

2002 年，青岛啤酒开始实施供应链管理，对业务体系进行流程再造，最先在华南事业部实施。供应链管理给青岛啤酒带来了新的管理模式，提高了整个企业的管理水平，加速了资金、物资、信息在集团内部的运转。

2002 年青岛啤酒与招商局合作成立物流公司，全面接管青岛啤酒的物流业务，青岛啤酒从不熟悉的领域抽身，利用招商局的物流管理经验和青岛啤酒以前自身运输业务的资源，借助 ERP 系统和物流操作系统的信息平台支持，在提升青岛啤酒物流效率的同时，降低了营销成本（郎咸平，2009）。青岛啤酒借助 ORACAL 公司的 ERP 系统和招商局的物流优势，企业管理迅速向"精细化"迈进，仅物流外包一项，2002 年上半年青岛啤酒就节约运输成本 500 万元（周锡冰，2011）。

此后，青岛啤酒又采取了众多提升经营能力的举措。2002～2007 年青岛啤酒采取的提升经营能力的主要举措如表 7-9 所示。

表 7-9　2002～2007 年青岛啤酒提升经营能力的主要举措

开始年份	举措
2002	与 AB 公司结成战略联盟，不仅获得巨额资金，而且实现在管理、技术、人才等各方面资源的共享，提升治理水平和国际化运作能力
	开始实施供应链管理，进行流程再造，加速资金、物资、信息在企业集团内部流转
	与招商局合作成立物流公司，全面接管青岛啤酒物流项目，提高物流效率，降低物流成本
	聘请思滕思特管理咨询公司，运用 EVA 理论对经营理念、组织架构、管理流程、绩效考评体系进行重新设计和整合
2004	开始构建以执行为导向的战略管理体系，建立战略管理流程，保证战略规划与执行的有效对接，提高战略执行的一致性和适应性
2005	开始提出"打造智慧组织、推进知识经营"的知识管理理念
2006	开始运用平衡计分卡进行部门、营销公司和工厂的业绩考核，实现战略与绩效考评的对接，推动战略的执行
2007	为配合奥运营销战略，独创并实施集"品牌传播、产品销售、消费者体验"于一体的营销战略
2007	开始形成覆盖总部和大部分生产单位的知识管理系统平台，进行员工内部知识传播，通过知识管理增强企业的价值观

资料来源：作者整理。

这一阶段，青岛啤酒不断学习和借鉴国际先进管理模式，规范管理制度，重塑企业文化，逐步统一公司的人事、财务、投资、战略、信息系统、营销系统，经营能力获得突飞猛进的提高。

7.4.3 并购能力伴随经营能力的增强大幅提高

这一阶段，青岛啤酒在前一阶段初步整合的基础上，开始了深入的、系统性的、涉及整个企业集团的整合。

（1）并购策略更加灵活多样。为了避免与竞争对手正面交锋导致拍卖价格被过分抬高，2002年3月青岛啤酒委托第三方中国欧美投资有限公司竞拍收购福建省三大啤酒企业之一的厦门银城啤酒公司，使青岛啤酒的并购活动更具灵活性和隐蔽性，并且便于利用第三方的资源尽快协调办理资产过户手续。从实际操作效果来看，这种并购策略非常成功（金志国，2008），显现出青岛啤酒经过长期并购实践，并购能力获得很大的提高。

（2）并购整合能力显著提升。青岛啤酒在这一阶段的整合主要包括组织整合、品牌整合和口味一致性整合，统一管理标准和技术标准，通过全面整合向被并购的企业输入青岛啤酒的企业文化和管理模式。

1）组织整合。青岛啤酒从2000年起实施事业部制，把全国的子公司按区域划分为8个事业部，事业部归总部直接领导，每个事业部管辖3~5个企业，在管辖范围内统一产供销、统一市场管理、统一财务核算和其他行政管理，共同使用运输、分销等系统，整合区域内的生产及市场资源，使每个事业部成为一个相对独立的价值链。2004年，青岛啤酒又开始由事业部向区域营销公司转型，总部是决策服务中心，第二级是7个营销公司，第三级是工厂。2007年，青岛啤酒进行了第三次组织变革，将7家营销公司、3家子公司和50多家工厂组成的层级组织结构，精简成为战略投资、制造和营销三大中心，相比之前的区域销售公司，这次变革的重心是要实现公司由"小价值链"到"大价值链"的整体转型，最终打造结构一体化、资源集约化、分工专业化、执行一致性的组织体系。三大中心成为全国整体一致、协同作战的大价值链，改变了此前全国各地营销公司小价值链单兵作战的格局。青岛啤酒三次组织结构改革如表7-10所示。

表7-10 青岛啤酒三次组织结构改革

开始年份	改革举措
2000	成立8大事业部：华东事业部、华南事业部、淮海事业部、西北事业部、鲁中事业部、东南事业部、北方事业部、西南事业部。每个事业部形成一个小价值链
2004	成立7大营销中心，由事业部向区域营销公司转型，完成生产导向向市场导向转变，区域市场成为利润中心
2007	将由7家营销公司、3家子公司和50多家工厂组成的层级组织结构精简成战略投资、制造和营销中心，战略投资中心负责企业的并购、新建等各种投资战略的制定和实施。制造中心负责管理青岛啤酒下属工厂的生产制造。营销中心负责管理省级营销公司、城市三级营销系统和海外营销公司。三大中心成为全国一致、协同作战的大价值链

资料来源：作者整理。

2）品牌整合。经过几年的并购，至2002年青岛啤酒的品牌数量一度达到150多个，品种1000多个。从2002年开始，青岛啤酒持续数年进行品牌整合，2005年底，提出"1+5"品牌战略，在"青岛啤酒"主品牌的带动下，根据国内啤酒市场地域性强的特点，着力打造5个区域强势品牌，淘汰其他没有竞争力的弱势品牌。2006年，青岛啤酒在"1+5"品牌战略的基础上又调整为"1+3"品牌战略，保持"青岛啤酒"主品牌地位，将已经培育成熟的区域强势品牌作为面向中低档市场的二线品牌。2007年，青岛啤酒又提出"1+1"品牌战略，计划在几年内形成以"青岛啤酒"为主品牌，以"山水啤酒"为副品牌的品牌结构，集中精力打造"青岛啤酒"主品牌，同时在全国大力发展"山水啤酒"品牌。青岛啤酒品牌战略演进过程如表7-11所示。

表7-11 青岛啤酒品牌战略演进过程

演进过程	具体内容
上百品牌（2002年）	品牌众多、口味不一、运作混乱，损害了在消费者心目中的形象
"1+5"品牌战略 （2005年）	主品牌：青岛啤酒 区域性强势品牌：山西一带汉斯啤酒、山东一带崂山啤酒、徐州一带彭城啤酒、广东一带山水啤酒、福建一带大白鲨啤酒
"1+3"品牌战略 （2006年）	主品牌：青岛啤酒 区域性强势品牌：北方汉斯啤酒、中部崂山啤酒、南方山水啤酒
"1+1"品牌战略 （2007年）	主品牌：青岛啤酒，细分为醇厚、清爽、纯生三个不同的品类，定位于不同的消费群体，带给消费者个性化、差异化的全新感觉 副品牌：山水啤酒，细分为丰富的品类，作为中低端的主力产品

资料来源：作者整理。

青岛啤酒的品牌整合战略消除了系列并购初期品牌繁多令消费者眼花缭乱，损害了青岛啤酒在消费者心目中形象的弊端，采取主、副品牌互为补充的战略，既维护了青岛啤酒中高端的品牌形象，同时又能满足不同层次消费者的需求。这种聚焦的品牌战略也便于青岛啤酒进行广告宣传，节约广告费用。

3）口味一致性整合。2007 年，青岛啤酒开始在旗下 50 多家工厂实施"口味一致性"工程，整合产品口味，运用比对的方法，树立标杆，制定标准，形成标准操作流程，实施精细化管理，使各子公司的产品口味趋于一致。

7.4.4 内部整合价值创造效应开始显现

在这一阶段，随着整合的不断深入，青岛啤酒的并购能力尤其是整合能力伴随着经营能力的提高不断增强，整个集团的经营效率和盈利水平也随之显著增长。

2005 年，青岛啤酒的销售收入首次突破 100 亿元大关。青岛啤酒在这一阶段的销售收入和净利润如图 7-4 所示，营业收入从 2002 年的 69.37 亿元不断增加为 2007 年的 137.09 亿元，净利润从 2002 年的 2.68 亿元增长为 2007 年的 5.98 亿元。

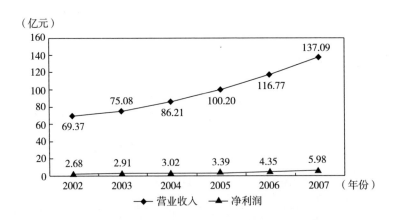

图 7-4　2002~2007 年青岛啤酒营业收入和净利润

资料来源：作者根据年报、国泰安数据库整理。

2002~2007 年青岛啤酒净资产收益率如表 7-12 所示。可以看出，青岛啤酒

的净资产收益率相对于频繁并购阶段（1997~2001 年）有很大增长，整合的价值
创造效应开始显现，尤其是 2007 年 ROE 达到 10.25%。

表 7-12 2002~2007 年青岛啤酒净资产收益率

年份	2002	2003	2004	2005	2006	2007
ROE（%）	7.37	7.19	7.79	6.96	7.68	10.25

资料来源：根据年报、国泰安数据库整理。

7.5 整合与扩张并举阶段（2008~2015 年）

7.5.1 整合与扩张并举阶段的并购概况

2006 年，竞争对手雪花啤酒通过并购不断提升产能，产量超过了青岛啤酒。
面对不断加剧的行业竞争，2008 年，主张"利润至上"的青岛啤酒历经多年沉
寂后重启并购重组之旅。这一阶段的并购重组已经今非昔比，青岛啤酒利用品
牌、技术、管理的优势开拓各地市场，从此进入整合与扩张并举的双轮驱动时
代。2008~2015 年（部分年份）青岛啤酒的主要并购事件如表 7-13 所示。

表 7-13 2008~2015 年（部分年份）青岛啤酒主要并购事件

年份	目标企业	股权比例（%）	资金数额（万元）
2008	烟台朝日啤酒公司	39%	21450
2009	济南趵突泉啤酒集团及其下属济南啤酒	39%	17416
2010	嘉禾啤酒太原厂	资产收购	17000
	山东新银麦啤酒有限公司	100%	187300
2013	山东华狮集团旗下绿兰莎	55%	38000
2015	三得利青岛啤酒（上海）有限公司和青岛啤酒三得利（上海）销售有限公司	各收购 50% 股权后持股 100%	67500

资料来源：作者整理。

值得一提的是，2015 年经济增速放缓、多数企业选择蛰伏等待时，青岛啤酒却果断逆势出击，低位并购。2015 年 10 月 18 日晚间，青岛啤酒发布公告称，公司拟以自有资金收购三得利（中国）投资有限公司所持三得利青岛啤酒（上海）有限公司和青岛啤酒三得利（上海）销售有限公司各 50% 的股权，宣布交易对价为 8.23 亿元（最终交易对价 6.75 亿元）。交易完成后，两家公司将成为青岛啤酒的 100% 持股全资子公司。

三得利青岛啤酒（上海）有限公司和青岛啤酒三得利（上海）销售有限公司均成立于 2013 年。三得利 1984 年进入中国啤酒市场，2012 年起与青岛啤酒合作。为增强双方啤酒产品的市场竞争力，当时青岛啤酒以 13.35 亿元收购三得利（中国）在上海、江苏的生产资产，而三得利（中国）同步现金增资 13.52 亿元，共同成立了三得利青岛啤酒（上海）有限公司和青岛啤酒三得利（上海）销售有限公司，青岛啤酒和三得利（中国）分别持有两家公司各 50% 的股权。交易完成后，两家公司将成为青岛啤酒的全资子公司。并购完成后，青岛啤酒将进一步增强一体化运营能力，发挥协同效应，不断提升上海和江苏市场的占有率。

经过十余年的发展，啤酒行业的集中度已经非常高，国内市场值得并购的啤酒企业越来越少，此时青岛啤酒小规模跑马圈地将有利于巩固自己的优势市场。

7.5.2　不断提升经营能力

2012 年"啤酒生物发酵工程国家重点实验室"正式落户青岛啤酒，成为酿酒领域唯一的国家重点实验室，这一事件也成为提升中国啤酒行业整体竞争实力的里程碑事件。2014 年，受宏观经济、消费结构等多重因素影响，中国啤酒行业结束了连续 25 年的快速增长，整体步入下行通道。面对行业深度调整、成本上涨等多重压力，青岛啤酒应时而变，率先提出了"有质量的增长"发展战略，以能力提升为根基推动供给侧结构性改革，在生产中精益求精，独创"双叠加三解码"质量管理模式，将质量管理的目标从满足"高标准"转向满足"高需求"。

7.5.3　价值创造能力虽有下降但依然强劲

整合与扩张并举阶段是青岛啤酒引入外部资源的同时进行内部整合苦练内功的阶段。整合与扩张并举，使青岛啤酒不断壮大，市场占有率持续上升。经过前一阶段提高企业经营能力的一系列举措和有效的并购整合，2009 年起青岛啤酒的净资产收益率均超过 1993 年的 12.08%。2010 年青岛啤酒已在国内拥有 53 家啤酒生产企业，分布在全国 19 个省（区、市），总产能约 800 万吨。2010 年公布的品牌价值评估数据显示，青岛啤酒的品牌价值飙升至 426.18 亿元，居中国啤酒业品牌首位。2010 年中国啤酒行业三大巨头的相关指标如表 7-14 所示，青岛啤酒销量和市场占有率都位居第二，但营业收入居于首位。

表 7-14　2010 年中国三大啤酒巨头相关指标

指标	雪花啤酒	青岛啤酒	燕京啤酒
销量（万千升）	928	635	503
市场占有率（%）	21	14	11
营业收入（亿元）	179.82	198.98	102.98

资料来源：作者整理。

青岛啤酒这一阶段的销售收入和净利润如图 7-5 所示。

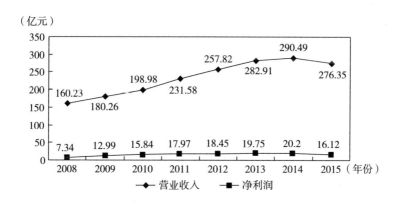

图 7-5　2008~2015 年青岛啤酒营业收入和净利润

资料来源：国泰安数据库。

在内部整合阶段，青岛啤酒的最高年营业收入为 2007 年的 137.09 亿元，在整合与扩张并举阶段，营业收入总体呈上升趋势，2011 年突破 200 亿元达到 231.58 亿元。啤酒行业前期经历了跑马圈地的粗放式生长，产量自 2013 年到达顶峰之后，便告别了量增驱动，开始了在存量市场的竞争。2013 年，我国啤酒产量触顶下滑，行业进入存量时代，青岛啤酒的发展思路也从市场份额争夺转变为产品结构升级和生产效率提升。2014 年，中国啤酒行业结束了连续 25 年的快速增长，整体步入下滑通道。基于对互联网时代特点以及新时代消费升级趋势的认识，青岛啤酒又在行业内率先提出了"有质量的增长"战略，以能力提升为根基推动供给侧结构性改革，改变了传统啤酒的生产方式、销售方式，为中国啤酒行业实现"有质量的发展"探索出了一条新路。2014 年中国啤酒产量达到492.19 亿升，同比下降 0.96%，这是连续 24 年来中国啤酒产量首次出现负增长。而青岛啤酒 2014 年的营业收入已经达到 290.49 亿元。在内部整合阶段，青岛啤酒的最高年净利润为 2007 年的 5.98 亿元。在整合与扩张并举阶段，青岛啤酒的净利润总体呈上升趋势，净利润最高的 2014 年达到 20.2 亿元。

2015 年国内啤酒销量为 4716 万千升，同比下降 5.1%，销量下滑幅度略大于行业水平，已连续两年出现负增长，并创近五年新低。青岛啤酒 2015 年实现销量 848 万千升，较 2014 年的 915 万千升下降了 7.36%，其中主品牌销量为 416万千升，同比下滑 7.56%，为数不多的亮点在于高端产品销量为 174 万千升，实现微增。销量的下降致使营业收入总额下降至 276.35 亿元，同时由于销量下降，公司规模效应降低，在原材料价格基本保持稳定的前提下，公司吨酒成本提升，从而总成本升高，公司利润降至 16.12 亿元。

2008~2015 年青岛啤酒净资产收益率如表 7-15 所示。

表 7-15　2008~2015 年青岛啤酒净资产收益率

年份	2008	2009	2010	2011	2012	2013	2014	2015
ROE（%）	11.83	17.34	17.33	17.12	15.33	14.82	13.85	10.25

资料来源：国泰安数据库。

青岛啤酒 2011 年净资产收益率最高达到 17.12%，2012~2015 年有所下降，但本阶段净资产收益率最低的 2015 年与内部整合阶段最高的 2007 年的净资产收益率相同，虽然整合与扩张并举阶段的净资产收益率相对于内部整合阶段的净资产收益率有很大提高，但是相较于 2009~2011 年三年下降明显，表明青岛啤酒应努力扩大市场份额，同时需要进行内部整合，降低成本。

7.5.4 整合与扩张并举阶段获得的荣誉

2009 年，青岛啤酒荣获上海证券交易所授予的"公司治理专项奖—2009 年董事会奖"，2013 年，青岛啤酒荣膺"最具国际竞争力中国企业"，2014 年获得"亚洲最受尊敬的知识型组织（Asian MAKE）大奖"。截至 2015 年，青岛啤酒连续 10 年蝉联《财富》（中文版）发布的"最受赞赏的中国公司"，12 次荣膺"中国最受尊敬企业"。世界品牌实验室（World Brand Lab）在北京发布了 2015 年（第十二届）《中国 500 最具价值品牌》排行榜，青岛啤酒位列 22 位。青岛啤酒以 1055.68 亿元的品牌价值成为首个突破千亿元价值的中国啤酒品牌，连续 12 年蝉联中国啤酒行业首位，也是唯一入选的世界级啤酒品牌，并且跻身世界 500 强，是中国啤酒行业当之无愧的龙头老大。

7.6 内生为主、并购为辅阶段（2016~2023 年）

这个阶段，国内市场值得并购的啤酒企业越来越少，经过前些年的大量并购，青岛啤酒开始进行整合升级，青岛啤酒将主要精力集中在内生发展，通过内部整合，优化资源配置来提高运营效率，对并购来的企业进行了文化和流程融合，以实现协同效应。通过优化产品结构、优化落后产能、加强品牌建设、加强产品质量与产品创新，消化成本上涨压力，通过苦练内功提升自身的经营能力，提升长期盈利能力。

另外，啤酒由于受季节性、原料成本波动等因素影响较大，因此抗风险能力低，而饮用水不存在明显的季节性问题，并且毛利率几乎是啤酒的 1.5 倍，饮用水行业不仅风险更低，而且利润更高。2020 年，青岛啤酒集团开设第二赛道，收购雀巢集团在中国的饮用水业务，这意味着新的机会和挑战，青岛啤酒旗下的饮用水能否如同旗下啤酒一样走入消费者心中？这还需要等待。

7.6.1 内生为主、并购为辅阶段的并购概况

如表 7-16 所示，这个阶段青岛啤酒只在 2020 年进行了一次并购，购买雀巢

在中国大陆的水业务。交易完成后,青岛啤酒取得雀巢旗下的上海雀巢饮用水100%的股权、天津雀巢矿泉水 98%的股权、云南大山饮品有限公司 100%的股权,并取得对这三家公司的控制权。此次交易涉及国际品牌"雀巢优活"在中国大陆的独家许可权,同时获得雀巢(中国)的本土品牌"大山"和"云南山泉"的所有权,以及雀巢位于昆明、上海和天津的三家水业务工厂。根据双方的许可协议,雀巢把其在中国大陆地区的饮用水业务转让给了青啤集团,青岛啤酒将在中国生产和销售"雀巢优活"品牌,但双方并未公布收购金额。

表 7-16　2016~2023 年青岛啤酒并购事件

年份	目标企业	股权比例(%)	资金数额(万元)
2020	上海雀巢饮用水有限公司	100	交易对价未对外公布
	天津雀巢矿泉水有限公司	95	
	云南大山饮品有限公司	100	

资料来源:作者整理。

青岛啤酒 2019 年的毛利率为 38.94%,而农夫山泉包装饮用水同年的毛利率为 60.2%。卖饮用水的利润率是卖啤酒的 1.5 倍多。2019 年青岛啤酒投资打造自主品牌包装饮用水——王子海藻苏打水,但市场反响平平,没能一炮打响。品牌的知名度和市场份额是需要花金钱和时间慢慢堆起来的,2019 年,雀巢旗下的云南山泉的市场份额为 1.3%,排名在第 8 位;雀巢优活的市场份额也有 0.4%,排名在第 11 位。青岛啤酒通过这次并购,征战饮用水市场可以省下不少力气。

7.6.2　经营能力不断提升

在 2015 年和 2016 年整体销量下滑,营收大幅缩减的情况下,青啤高端系列产品依然保持了良好的增长,稳定了公司内部成长,集中资源打造高端产品的战略信念。面对日趋多元的啤酒消费市场,青岛啤酒不断推出个性化、多样化的中高端啤酒,彻底打破了国内同品类啤酒被进口啤酒垄断的局面,丰富了国内高端啤酒市场。

2017 年复星 66 亿元入股青岛啤酒后,青岛啤酒借鉴复星集团管理激励机制优化的经验，进一步优化青岛啤酒的团队管理。2017 年，青岛啤酒以创新驱动的"高质量发展"战略，使生产围着消费者喜好这个"指挥棒"运转。比如，制造体系从单品种、大规模的传统制造向多品种、小批量的柔性制造转变，根据细分市场需求，不断推出多元化、个性化、定制化产品，加大产品创新力度，挖掘消费潜力，增强内生发展动力。2017 年青啤推出了"双叠加三解码"的质量管理模式，有效地解决了啤酒风味解码技术等行业技术难题，具有先进性、独特性、可推广性。

2019 年，随着啤酒市场开始向高端化、场景化、社交化演进，青岛啤酒适时提出了"高质量跨越式发展"新战略：通过快乐、健康、时尚三大业务板块和智慧供应链的耦合互动，推动企业高质量发展。

2020 年，青岛啤酒选择收购雀巢中国水业务，水业务也将成为青岛啤酒集团继青岛啤酒之外的第二大产业。收购雀巢水业务，是青岛啤酒集团拓展的"第二赛道"，以后酒与水会并驾齐驱、共同发展。

2023 年 10 月，青岛啤酒集团在青啤二厂的 100 万千升纯生啤酒项目开工。该项目计划总投资 8 亿元，定位于"高端化、智能化、绿色化、现代化"的纯生啤酒生产标杆工厂。2025 年项目建成投产时，青岛啤酒二厂将成为全球最大的纯生啤酒生产基地，成为青岛啤酒更高水平的"旗帜工厂、核心工厂、纯生工厂和出口基地"，以纯生啤酒的魅力和质量"领鲜"全球。

7.6.3 价值创造能力不断提升

2023 年，全国啤酒行业实现总产量 3789 万千升，同比增长 0.8%，实现销售收入为 1863 亿元，同比增长 8.6%，实现利润总额 260 亿元，同比增长 15.1%，连续多年保持全球第一大啤酒生产和消费国地位。如表 7-17 所示，2023 年中国啤酒市场由三大巨头主导：雪花啤酒、青岛啤酒和燕京啤酒。

表 7-17　2023 年中国三大啤酒巨头相关指标

指标	雪花啤酒	青岛啤酒	燕京啤酒
销量（万千升）	1115.1	800.7	394.24
市场占有率（%）	31.9	22.9	10.3

指标	雪花啤酒	青岛啤酒	燕京啤酒
营业收入（亿元）	389.82	339.37	142.13
净利润（亿元）	51.53	43.48	8.549
净资产收益率（%）	17.01	16.12	4.73

资料来源：东方财富网。

从市场占有率来看，雪花啤酒以 31.9% 的份额领先，其次是青岛啤酒占有 22.9% 的市场份额，而燕京啤酒则以 10.3% 的份额位居第三。在销量方面，雪花啤酒达到 1115.1 万千升，青岛啤酒为 800.7 万千升，燕京啤酒为 394.24 万千升。营业收入方面，雪花啤酒以 389.82 亿元位居首位，青岛啤酒紧随其后，为 339.37 亿元，而燕京啤酒则为 142.13 亿元。整体来看，这三大企业占据了国内啤酒市场的主导地位。2016~2023 年青岛啤酒营业收入和净利润如图 7-6 所示。

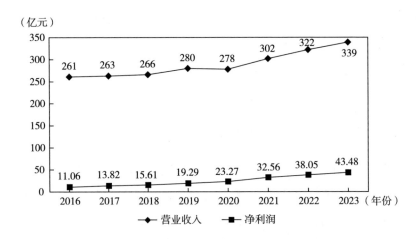

图 7-6 2016~2023 年青岛啤酒营业收入和净利润

资料来源：新浪财经。

从图 7-6 可以看出，2016~2023 年青岛啤酒营业收入从 261 亿元增加到 339 亿元，增加了 35.1%，利润从 11.06 亿元上升到 43.48 亿元，涨幅不断扩大，营业收入、净利润不断双创历史新高，真正实现了"有质量的增长"。

2023 年，青岛啤酒实现产品销量 800.7 万千升，同比降了 0.82%，不过，中高端以上产品实现销量 324 万千升，同比增长 10.5%。2023 年，青岛啤酒实现营业收入 339.37 亿元，同比增长 5.49%，营业收入和净利润更上一层楼，这份业绩的增长主要是高端化与产品结构优化带来的。

青岛啤酒通过产品结构升级、降低销售费用和去除低效产能，高端化战略顺利推进，盈利能力显著提升。2016~2023 年青岛啤酒净资产收益率如表 7-18 所示。

表 7-18　2016~2023 年青岛啤酒净资产收益率

年份	2016	2017	2018	2019	2020	2021	2022	2023
ROE（%）	6.43	7.55	8.10	9.97	11.13	14.47	15.30	16.12

资料来源：新浪财经。

从表 7-18 可以看出，青岛啤酒 2023 年净资产收益率最高达到 16.12%，2016~2023 年净资产收益率整体呈逐年不断上升趋势。

7.6.4　内生为主、并购为辅阶段获得的荣誉

青岛啤酒 2018 年荣获中国质量奖提名奖，获得"欧洲啤酒之星"和"世界啤酒锦标赛"金奖等殊荣；2019 年再获"世界啤酒锦标赛"金奖，入选"中国品牌强国盛典榜样 100 品牌"；2020 年荣膺"最具竞争力企业"；2021 年再获"欧洲啤酒之星"金奖、中国质量奖提名奖，获评全球首家啤酒饮料行业工业互联网"灯塔工厂"；庆祝中国共产党成立 100 周年之际，青岛啤酒公司党委获"全国先进基层党组织"称号。继成为 2008 年北京奥运会官方赞助商之后，青岛啤酒再度携手奥运，成为 2022 年北京冬奥会官方赞助商；2022 年入选国务院国资委《国资国企社会责任蓝皮书（2022）》案例；获评 2022 企业 ESG 杰出社会责任实践案例；获评"国有企业公司治理示范企业"；获得 2022 年中国改革与发展优秀成果一等奖、第十九届人民匠心奖·匠心品牌奖、十七度上榜"最受赞赏的中国公司"，十九度荣膺"中国受尊敬企业"等。

7.7 案例启示

作为一家主业突出、专业一流、具有全球品牌影响力和 120 年历史的中国啤酒企业，青岛啤酒坚持创新驱动企业高质量发展，做优啤酒主业，以一瓶啤酒连接世界，以一瓶啤酒做强产业生态，以一瓶啤酒赋能人民的美好生活。

目前，青岛啤酒运用数字化手段，建成包装产线管理等 7 大智能管理系统。通过数字技术与生产制造融合，近三年碳排放密度降低 48%、单日平均产量提升 60%、成品出库效率提高 50%。"'最古老'的工厂已是'最先进'的工厂。"企业愿景是成为拥有全球影响力品牌的世界一流企业。青岛啤酒——中国知名的啤酒品牌，有着巨大竞争优势。不论市场环境如何变化，质量是创品牌的根本基础，没有高品质的产品就没有高价值的品牌。"质量第一"的匠心传承筑牢了青岛啤酒发展的"根基"。120 年，只为酿造好啤酒，把一瓶啤酒做到极致。"工匠精神"及"慢""专""精"三字诀，让始于 1903 年的啤酒品质从没变过味。坐拥行业唯一的国家重点实验室，三获国家科技进步二等奖，凭借科技创新和啤酒前沿技术的研究，青岛啤酒始终站在世界啤酒行业的前沿，站在中国啤酒行业的制高点上，像"灯塔"一样引领着中国啤酒行业技术的创新和发展。

青岛啤酒的并购成长史也是其经营能力和并购能力在相互作用过程中不断演进从而驱动价值创造的历史。青岛啤酒从地方性企业发展成全国性的啤酒行业龙头企业，系列并购功不可没，可以说青岛啤酒的成长史也是它的并购史。其中可以获得以下几点启示：

（1）经营能力与并购能力互相影响、互相促进。在初始并购阶段（1994～1996 年），青岛啤酒的经营能力不平衡，虽然产品质量过硬，但管理能力一般，销售能力薄弱，加之没有并购经验，导致企业并购整合能力不强，对并购的目标企业几乎不进行整合。在频繁并购阶段（1997～2001 年），经过大量并购后青岛啤酒"消化不良"，为了更好地整合大量被并购的企业，迫切需要提高整合能力，这也激发了青岛啤酒努力提高自身的经营能力，通过提高经营能力特别是提高管理能力来促进并购能力尤其是整合能力的提高。在以内部整合为主阶段

（2002～2007年），青岛啤酒采取了诸多措施努力提高经营能力，通过经营能力尤其是管理能力的提高对目标公司进行有效的整合，反过来整合能力提高了，通过对目标企业有效整合，又能够进一步提升青岛啤酒的经营能力。经营能力提高了，创造出更多的价值，又为并购能力提供了基础和后盾。

（2）企业进行系列并购可以获得"珍珠项链效应"。在进行系列并购之前，青岛啤酒只是一个口碑很好的地方性啤酒企业。在系列并购过程中，青岛啤酒先后并购全国各地许多中小啤酒企业，其中有些是经营状况非常不好甚至濒临破产的企业。青岛啤酒将这些企业并购进来后，通过有效地整合，形成了中国乃至世界啤酒行业的巨头，创造出巨大的价值。

（3）必须始终拥有和保持自身的核心能力。在青岛啤酒并购历程中，虽几经风雨，但其始终屹立不倒的根本原因在于，它拥有高水平的技术队伍，保持始终如一的高品质，深得消费者认同的品牌，这些形成了百年青岛啤酒的核心能力，其进行系列并购的并购能力也建立在这些核心能力的基础之上。

（4）通过系列并购无法获得全部能力，必须注重自身培养提高。并购能够提升甚至大幅提升企业的经营能力，但不能完全依靠并购提升经营能力，一定要苦练内功。青岛啤酒这家百年老店自身拥有过硬的技术和产品品质，最突出、最显著的文化特征是始终如一的质量意识，不会因为并购放松对产品品质的管理，这是根本。青岛啤酒能够发展到今天，系列并购功不可没，但是如果不注重提升自身能力，单纯依靠系列并购不能从根本上提高企业的经营能力。

（5）要防范系列并购可能带来的风险。从青岛啤酒的并购历程可以看出系列并购的强大力量，系列并购是企业实现快速扩张的必由之路。但青岛啤酒的并购历程也不是一帆风顺的，中间经历了很多曲折和风险，系列并购也曾给青岛啤酒带来巨大的损失。在频繁并购阶段（1997～2001年），青岛啤酒5年间频繁并购，快速完成了全国的战略布局，占领市场先机，获得跨越式发展。但由于频繁并购，加上自身整合能力不强，青岛啤酒的整合跟不上并购的步伐，造成"消化不良"，导致价值创造能力大幅下降。另外，青岛啤酒为频繁并购支付了大量的并购对价资金和整合资金，曾一度资金紧张，通过向AB公司发行定向可转换债券缓解了资金紧张的局面。系列并购是企业价值创造的一把"双刃剑"，既可以帮助企业成倍增长价值创造能力，也可能重创企业，使企业大伤元气，甚至万劫不复。

7.8 本章小结

本章从不同于以往案例研究的视角，运用企业系列并购的"双力驱动价值创造模型"，对青岛啤酒系列并购历程中经营能力和并购能力相互影响、相互促进的演进历程以及由此产生的价值创造结果进行分析和探究，同时也证明成功的系列并购具有"珍珠项链效应"。

8　结论及有待进一步研究的问题

8.1　主要结论

本书运用企业能力理论和企业并购价值理论，对企业并购能力的子能力要素及并购能力的提升路径进行分析，构建企业系列并购价值创造的"双力驱动价值创造模型"，运用"双力驱动价值创造模型"分别对经营效率好和经营效率不佳企业的价值创造机理进行分析。全书的主要结论如下：

（1）企业并购能力是企业运用自身积累以及从企业外部筹集的资源进行并购活动，改变企业经营能力，从而创造价值的能力。实施系列并购战略企业的并购能力可以分为并购战略规划能力和并购战略实施能力，并购战略实施能力又进一步细分为并购支付能力、目标企业识别能力、并购价值评估能力、并购谈判能力、并购整合能力5种并购子能力。并购能力是一种动态能力可以通过学习其他企业的并购经验获得提升，更主要的是通过"干中学"不断获得提升，另外，经营能力的提升也会促进并购能力的提升。

（2）企业系列并购失败除了有与单次并购失败相同的具体技术原因以外，还包括以下三点战略性原因：①不以生产经营为主，②并购频率过高，③过度多元化。

（3）企业系列并购的价值创造机理可以用"双力驱动价值创造模型"进行阐释。企业运用并购能力进行系列并购，通过与目标企业共享知识、资源和能力，形成知识协同、资源协同和能力协同，从而使经营能力发生跃迁式增长，创造更大的价值，为下一次并购提供更多的资源支持。企业通过并购实践提升了并购能力，企业运用提升的并购能力再一次进行并购，与目标企业共享知识、资源和能力，再一次使经营能力发生跃迁式增长，创造更大的价值，这样多次循环。

（4）经营效率好的企业进行系列并购主要是通过向多个目标企业输送自身的知识、资源和能力，从而提高目标企业经营能力的方式创造价值。由于目标企业普遍是经营效率较低的企业，因此成功进行系列并购的经营效率好的企业采取"间隔型系列并购模式"，经营效率会随着多次并购呈先下降后上升、再下降再上升的波浪式上升趋势。如果采用"连续型系列并购模式"，经营效率在一段时期内呈下降趋势，然后呈上升趋势。所以经营效率好的企业即使并购成功，经营效率在一段时期内也会先下降，随后随着对目标企业的整合，目标企业的经营效率提升，整个企业（集团）的经营效率呈上升的趋势，如果能够获得规模经济、范围经济和市场势力，整个企业（集团）的经营效率会超过并购前并购企业的经营效率。

（5）经营效率不佳的企业进行系列并购的目的通常是弥补自身能力的缺口，目标企业通常是经营效率较高、规模相对较小的企业。这类企业更适合采用"间隔型系列并购模式"，控制系列并购产生的风险。不论采用哪种并购模式，成功系列并购后，企业（集团）的经营效率会呈上升趋势。

（6）并购能够改变企业的经营效率和企业控制资源的数量，企业实施系列并购能否创造更多价值取决于并购后企业的经营效率以及企业控制的资源数量这两个方面。经营效率好的企业进行系列并购，即使经营效率下降，如果仍高于资本成本，由于控制资源的数量增加，企业创造的价值可能还是增加的。经营效率不佳的企业进行系列并购，如果经营效率上升但仍低于资本成本，由于控制资源的数量增加，创造的价值仍有可能是减少的。

（7）系列并购是企业获取持续竞争优势的有效方式，但不能仅仅依靠系列并购来提升经营能力，因为每一次并购都可能引起企业动荡，给企业带来巨大的风险，企业必须在日常经营中不断努力培养和提升经营能力。

8.2 研究的不足及有待进一步研究的问题

　　企业系列并购具有高度的复杂性，目前国内外关于企业系列并购的研究还非常少。已有的研究主要集中在采用事件研究法或会计研究法，分析随着并购次数的增加企业并购绩效的变化特点，鲜有其他方面的相关研究。本书在理论分析部分建立了企业系列并购的"双力驱动价值创造模型"，在上市公司实证分析和案例分析部分均对企业系列并购的价值创造结果进行计量，没有对并购能力和经营能力进行计量。一方面是因为本书对并购能力和经营能力进行研究关注的是二者之间的关系，以及如何通过提高并购能力和经营能力产生最终创造更大价值的结果。另一方面是因为系列并购涉及的年份较多，而且经营能力和并购能力尤其是并购能力都很难进行客观计量。加之作者的知识结构、精力和掌握资料的局限性，本书只是运用企业能力理论和企业并购价值理论对企业系列并购价值创造机理及价值创造结果进行了初步的尝试性研究。

　　囿于企业系列并购具体表现形式具有多样性而样本数量又相对较少，本书只采用会计研究法对上市公司系列并购绩效进行了初步的统计分析，没有区分行业、企业系列并购的各次并购之间的时间间隔进行深入分析。由于系列并购的目标企业多为非上市公司，无法获得并购前目标企业的经营效率和价值创造的数据，也就无法分析目标公司被并购前后经营效率和价值创造的变动情况。这些都是今后随着符合研究目的的样本数量增多有待进一步研究的问题。

　　相对于经营能力，并购能力是目前理论界研究较少的企业能力。本书对企业并购能力的含义、并购子能力要素以及如何提升并购能力进行了理论分析。企业并购能力具有非常强的综合性，怎样合理量化企业并购能力是今后需要进一步研究的问题。

参考文献

[1] Ahern K R. The returns to repeat acquirers [EB/OL]. Available at SSRN 1311907, 2008.

[2] Aktas N, de Bodt E, Roll R. Learning, hubris and corporate serial acquisitions [J]. Corporate Finance, 2009, 15 (5): 543-561.

[3] Aktas N, de Bodt E, Roll R. Learning from repetitive acquisitions: evidence from the time between deals [J]. Journal of Financial Economics, 2013, 108 (1): 99-117.

[4] Amiryany N, Man A D, Cloodt M, et al. Acquisition reconfiguration capability [J]. European Journal of Innovation Management, 2012, 15 (2): 177-191.

[5] Amit R, Schoemaker P J H. Strategic assets and organizational rent [J]. Strategic Management Journal, 1993, 14 (1): 33-46.

[6] Angwin D, Meadows M. New integration strategies for post-acquisition management [J]. Long Range Planning, 2015, 48: 235-251.

[7] Arrow K J. The economic implication of learning by doing [J]. Review of Economics & Statistics, 1962, 29 (3): 155-173.

[8] Ashkenas R N, Demonaco L J, Francis S C. Making the deal real: how GE Capital integrates acquisitions [J]. Harvard Business Review, 1998, 76 (1): 165-170.

[9] Barkema H G, Schijven M. How do firms learn to make acquisitions? A review of past research and an agenda for the future [J]. Journal of Management, 2008, 34 (3): 594-634.

[10] Barney J B. Strategic factor markets: Expectations, luck, and business strategy [J]. Management Science, 1986, 32 (10): 1231-1241.

[11] Barney J B. Firm resources and sustained competitive advantage [J]. Journal of Management, 1991, 17 (1): 99-120.

[12] Barney J B. looking inside for competitive advantage [J]. Academy of Management Executive, 1995, 9 (4): 49-61.

[13] Bloomfield R J, Luft J L. Responsibility for cost management hinders learning to avoid the winner's curse [J]. Accounting Review, 2011, 81 (1): 29-47.

[14] Bradley M, Desai A, Kim E H. Synergistic Gains from Corporate Acquisitions and their Division between the Stockholders of Target and Acquiring Firms [J]. Journal of Financial Economics, 1988, 21 (1): 3-40.

[15] Bruner R F. Does M&A pay? A survey of evidence for the decision-maker [J]. Journal of Applied Finance, 2002, 12 (1): 48-68.

[16] Bruslerie H D L. Crossing takeover premiums and mix of payment: An empirical test of contractual setting in M&A transactions [J]. Journal of Banking & Finance, 2013, 37 (6): 2106-2123.

[17] Collis D J. Research note: how valuable are organizational capabilities? [J]. Strategic Management Journal, 1994, 15: 143-152.

[18] Collins C J, Smith K G. Knowledge exchange and combination: the role of human resource practices in the performance of high-technology firms [J]. Academy of Management Journal, 2006, 49 (3): 544-560.

[19] Conn R L, Cosh A, Guest P M, Hughes A. Why must all good things come to an end? The performance of multiple acquirers [R]. Working Paper (University of Cambridge), 2004.

[20] Degbey W Y. Customer retention: A source of value for serial acquirers [J]. Industrial Marketing Management, 2015, 46: 11-23.

[21] Doukas J A, Petmezas D. Acquisitions, overconfident managers and self-attribution bias [J]. European Financial Management, 2007, 13 (3): 531-577.

[22] Dierickx I, Cool K. Asset stock accumulation and sustainability of competitive advantage [J]. Management Science, 1989, 35 (12): 1504-1511.

[23] Dimopoulos T, Sacchetto S. Preemptive bidding, target resistance, and takeover premiums [J]. Journal of Financial Economics, 2014, 114 (3): 444-470.

[24] Drnevich, P. L, Kriauciunas, A P. Clarifying the conditions and limits of the contribution of ordinary and dynamic capabilities to relative firm performance [J]. Strategic Management Journal, 2011, 32 (3): 254-279.

[25] Eisenhardt K, Bingham C B. Decoupling resources from the resource-based view: unraveling multiple ties to competitive advantage [C]. In Atlanta Competitive Advantage Conference, Atlanta, GA, 2004, 17 June.

[26] Ekkayokkaya M, Paudyal K A. trade-off in corporate diversification [J]. Journal of Empirical Finance, 2015, 34: 275-292.

[27] Fainshmidt S, Wenger L, Pezeshkan A, and Mallon M R. Clarifying the conditions and limits of the contribution of ordinary and dynamic capabilities to relative firm performance [J]. Journal of Management Studies, 2019, 56 (4): 758-787.

[28] Field L C, Mkrtchyan A. The effect of director experience on acquisition Performance [J]. Journal of Financial Economics, 2017, 123 (3): 488-511.

[29] Francis B B, Hasan I, Sun X, Waisman M. Can firms learn by observing? Evidence from cross-border M&As [J]. Journal of Corporate Finance, 2014, 25: 202-215.

[30] Fuller K, Netter J, Stegemoller M. What do returns to acquiring firms tell us? Evidence from firms that make many acquisitions [J]. Journal of Finance, 2002, 57 (4): 1763-1793.

[31] Gadiesh O, Ormiston C. Six rationales to guide merger success [J]. Strategy & Leadership, 2002, 30 (4): 38-40.

[32] Girod S. J. G, Whittington R. Reconfiguration, Restructuring and Firm Performance: Dynamic Capabilities and Environmental Dynamism [J]. Strategic Management Journal, 2017, 38 (5): 1121-1133.

[33] Grant R M. The resource-based theory of competitive advantage: implications for strategy formulation [J]. California Management Review, 1991, 33 (3): 114-135.

[34] Grant R M. Toward a knowledge-based theory of the firm [J]. Strategic

Management Journal, 1996, 17: 109-122.

[35] Haleblian J, Finkelstein S. The influence of organizational acquisition experience on acquisition performance: a behavioral learning perspective [J]. Administrative Science Quarterly, 1999, 44 (1): 29-56.

[36] Haleblian J, Devers CE, McNamara G, Carpenter MA, Davison RB. Taking stock of what we know about mergers and acquisitions: a review and research agenda [J]. Journal of Management, 2009, 35 (3): 469-502.

[37] Harding D, Rovit S. Mastering the merger: four critical decisions that make or break the deal [M]. Boston: Harvard Business School Press Books, 2004.

[38] Hansen M T , Nohria N, Tierney T. What's your strategy for managing knowledge? [J]. Harvard Business Review, 1999, 77 (2): 106-116.

[39] Haspeslagh P C, Jemison D B. Managing acquisition: creating value through corporate renewal [M]. The Free Press: New York, 1991.

[40] Hayward MLA. When do firms learn from their acquisition experience? Evidence from 1990-1995 [J]. Strategic Management Journal, 2002, 23 (1): 21-39.

[41] Healy P M, Palepu K G, Ruback R S. Does corporate performance improve after mergers? [J]. Journal of Financial Economics, 1992, 31 (2): 135-175.

[42] Henningsson S. Learning to acquire: how serial acquirers build organisational knowledge for information systems integration [J]. European journal of information systems, 2015, 24 (2): 121-144.

[43] Helfat C E, Peteraf M A. The dynamic resource based view: capability lifecycles [J]. Strategic Management Journal, 2003, 24 (10): 997-1010.

[44] Helfat C E, Winter S G. Untangling dynamic and operational capabilities: strategy for the (n) ever-changing world [J]. Strategic Management Journal, 2011, 32 (11): 1243-1250.

[45] Hitt M A, Harrison J S, Ireland R D, Mergers and acquisitions: A guide to creating value for stakeholders [M]. New York: Oxford University Press, 2001.

[46] Hornstein A S, Nguyen Z. Is more less? Propensity to diversify via M&A and market reactions [J]. International Review of Financial Analysis, 2014, 34 (34): 76-88.

[47] Ismail A. Which acquirers gain more, single or multiple? Recent evidence from the USA market [J]. Global Finance Journal, 2008, 19 (1): 72-84.

[48] Jensen M C, Ruback R S. The market for corporate control: the scientific evidence [J]. Journal of Financial Economics, 1983, 11: 5-50.

[49] Jensen M C. Agency costs of free cash flow, corporate finance, and take-overs [J]. American Economic Review, 1986, (76): 323-329.

[50] Karim S, Mitchell W. Path-dependent and path-breaking change: reconfiguring business resources following acquisitions in the U. S. medical sector, 1978-1995 [J]. Strategic Management Journal, 2000, 21: 1061-1081.

[51] Karna A, Richter A, Riesenkampff E. Revisiting the role of the environment in the capabilities-financial performance relationship: A meta-analysis [J]. Strategic Management Journal, 2016, 37 (6): 1154-1173.

[52] Kengelbach J, Klemmer D C, Schwetzler B, Sperling M O. An anatomy of serial acquirers, M&A learning, and the role of post-merger integration [EB/OL]. Available at SSRN 1946261, 2012.

[53] Kogut B, Zander U. Knowledge of the firm, combinative capabilities, and the replication of technology [J]. Organization Science, 1992, 3 (3): 383-397.

[54] Laamanen T, Keil T. performance of serial acquirers: toward an acquisition program perspective [J]. Strategic Management Journal, 2008, 29 (6): 663-672.

[55] Lang, L H P, Stulz R M, Walkling R A. A test of the free cash flow hypothesis: the case of bidder returns [J]. Journal of Financial Economics, 1991, 29 (2): 315-336.

[56] La Porta R, Florencio L D S, Shleifer A. Corporate ownership around the world [J]. Journal of Finance, 1999, 54 (2): 471-517.

[57] Leonard-Barton D. Core capabilities and core rigidities: a paradox in managing new product development [J]. Strategic Management Journal, 1992, (13): 111-125.

[58] Leshchinskii D, Zollo M. Can Firms Learn to Acquire? The Impact of Post-Acquisition Decisions and Learning on Long-Term Abnormal Returns [EB/OL]. Available at SSRN 590704, 2004.

［59］Levitt B, March J G. Organizational Learning ［J］. Annual Review of Sociology, 1988, (14): 319-340.

［60］Macias A J, Rau P R, Stouraitis A. Can Serial Acquirers Be Profiled? ［EB/OL］. Available at SSRN 2667649, 2016.

［61］Martynova M, Renneboog L. A century of corporate takeovers: What have we learned and where do we stand? ［J］. Journal of Banking & Finance, 2008, 32 (10): 2148-2177.

［62］Meeks G. Disappointing marriage: A study of the gains from merger ［M］. Cambridge University Press, 1977.

［63］Nadolska A, Barkema H G. Good learners: How top management teams affect the success and frequency of acquisitions ［J］. Strategic Management Journal, 2014, 35 (10): 1483-1507.

［64］Oliver C. Determinants of interorganizational relationships: integration and future directions ［J］. Academy of Management Review, 1990, 15 (2): 241-265.

［65］Papadakis V. Growth through mergers and acquisitions: how it won't be a loser's game ［J］. Business Strategy Series, 2007, 8 (1): 43-50.

［66］Porter M E. From competitive advantage to corporate strategy ［J］. Harvard Business Review, 1987, 65 (3): 43-59.

［67］Powell T C, Lovallo D, Carnigal C. Causal ambiguity, management perception, and firm performance ［J］. Academy of Management Review, 2006, 31 (1): 175-196.

［68］Prahalad C K, Hamel G. The Core Competence of the Corporation ［J］. Harvard Business Review, 1990, 68 (3): 79-91.

［69］Priem R L. A consumer perspective on value creation ［J］. Academy of Management Review, 2007, 32 (1): 219-235.

［70］Rahahleh N A, Wei P P. The performance of frequent acquirers: Evidence from emerging markets ［J］. Global Finance Journal, 2012, 23 (1): 16-33.

［71］Roll R. The hubris hypothesis of corporate takeovers ［J］. Journal of Business, 1986, (6): 197-216.

［72］Rumelt R P. Strategy, structure and economic performance ［M］. Cambridye: Harvard University Press, 1974.

[73] Rumelt R P. How much does industry matter? [J]. Strategic Management Journal, 1991, 12 (3): 167-185.

[74] Rovit S, Lemire C. Your best M&A strategy: Smart deal makers methodically acquire through good times and bad [J]. Harvard Business Review, 2003, 81 (3): 16-17.

[75] Rovit S, Harding D, Lemire C. A simple M&A model for all seasons [J]. Strategy & Leadership, 2004, 32 (5): 18-24.

[76] Schipper K, Thompson R. Evidence on the capitalized value of merger activity for acquiring firms [J]. Journal of Financial and Economics, 1983, 11 (1-4): 85-119.

[77] Schmidt D R, Fowler K L. Post-acquisition financial performance and executive compensation [J]. Strategic Management Journal, 1990, 11 (7): 559-569.

[78] Schoemaker P J H. Strategy, complexity and economic rent [J]. Management Science, 1990, 36 (10): 1178-1192.

[79] Seth A. Sources of value creation in acquisitions: an empirical investigation [J]. StrategicManagement Journal, 1990, 11 (6): 431-446.

[80] Shleifer A, Vishny R W. Stock market driven acquisitions [J]. Journal of Financial Economics, 2003, 70 (3): 295-311.

[81] Singh H, Zollo M. The impact of knowledge codification, experience trajectories and integration strategies on the performance of corporate acquisitions [R]. Working paper (Wharton Financial Institutions Center), 1998.

[82] Sirmon D G, Hitt M A, Ireland R D. Managing firm resources in dynamic environments to create value: looking inside the black box [J]. Academy of Management Review, 2007, 32 (1): 273-292.

[83] Spender J C. Making knowledge the basis of a dynamic theory of the firm [J]. Strategic Management Journal, 1996, 17 (S2): 45-62.

[84] Teece DJ, Pisano G, Shuen A. Dynamic capabilities and strategic management [J]. Strategic Management Journal, 1997, 18 (7): 509-533.

[85] Trichterborn A, Knyphausen-Aufse? D Z, Schweizer L. How to improve

acquisition performance：The role of a dedicated M&A function，M&A learning process，and M&A capability［J］. Strategic Management Journal，2016，37（4）：763–773.

［86］Very P，Schweiger D M. The acquisition process as a learning process：Evidence from a study of critical problems and solutions in domestic and cross–border deals ［J］. Journal of World Business，2001，36（1）：11–31.

［87］Vermeulen F，Barkema H. Learning through acquisitions ［J］. Academy of Management Journal，2001，44（3）：457–476.

［88］Wernerfelt B. A Resource–Based View of the Firm ［J］. Strategic Management Journal，1984，5（2）：171–180.

［89］Winter S G. Understanding dynamic capabilities ［J］. Strategic Management Journal，2003，24（10）：991–995.

［90］Zollo M，Winter SG. Deliberate learning and the evolution of dynamic capabilities ［J］. Organization Science，2002，13（3）：339–351.

［91］Zollo M，Leshchinskii D，De S. Can firms learn to acquire？［J］. International Journal of Finance，2013，25（2）：7709–7738.

［92］卞川泽. 青岛啤酒：120 年波澜壮阔，勇立潮头扬远帆［N］. 华夏酒报，2023–08–01（A06）.

［93］陈轲. 论企业并购能力评价指标与方法［J］. 北京工商大学学报（社会科学版），2009，24（3）：37–40.

［94］陈念东. 基于双变量 GARCH–M 模型的公司并购短期股价效应研究［J］. 统计与决策，2012，（7）：180–182.

［95］陈仕华，张章，宋冰霜. 何种程度的失败才是成功之母？——并购失败程度对后续并购绩效的影响［J］. 经济管理，2020，42（04）：20–36.

［96］陈仕华，王雅茹. 企业并购依赖的缘由和后果：基于知识基础理论和成长压力理论的研究［J］. 管理世界，2022，38（05）：156–175.

［97］陈涛，李善民. 支付方式与收购公司财富效应［J］. 证券市场导报，2011，（2）：49–53.

［98］陈晓，陈小悦，刘钊. A 股盈余报告的有用性研究［J］. 经济研究，1999，（6）：21–28.

［99］陈小梅，吴小节，汪秀琼，等．中国企业逆向跨国并购整合过程的质性元分析研究［J］．管理世界，2021，37（11）：159-183+11-15.

［100］陈信元，张田余．资产重组的市场反应——1997年沪市资产重组实证分析［J］．经济研究，1999，（9）：81-90.

［101］陈玉罡．基于价值创造的并购研究：回顾与评论［J］．生产力研究，2009，（9）：170-172.

［102］崔学刚．企业增长、盈利与价值创造——基于电信与计算机行业上市公司的实证证据［J］．当代财经，2008，（8）：125-129.

［103］崔永梅，李瑞，曾德麟．资源行动视角下并购重组企业协同价值创造机理研究——以中国五矿与中国中冶重组为例［J］．管理评论，2021，33（10）：237-248.

［104］崔永梅，余璇．基于流程的战略性并购内部控制评价研究［J］．会计研究，2011，（6）：63-69.

［105］丁慧平，傅俊元，罗斌．企业成长能力的演进机理——以建筑企业为例［J］．管理学报，2009，（5）：615-621.

［106］董保宝，葛宝山，王侃．资源整合过程、动态能力与竞争优势：机理与路径［J］．管理世界，2011，（3）：92-101.

［107］范从来，袁静．成长性、成熟性和衰退性产业上市公司并购绩效的实证研究［J］．中国工业经济，2002，（8）：65-72.

［108］冯根福，吴林江．我国上市公司并购绩效的实证研究［J］．经济研究，2001，（1）：54-68.

［109］冯丽艳，肖翔，张靖．企业社会责任影响债务违约风险的内在机制——基于经营能力和经营风险的中介传导效应分析［J］．华东经济管理，2016，30（4）：140-148.

［110］葛伟杰，张秋生，张自巧．基于效率的企业并购能力度量研究［J］．财经论丛，2015a，（3）：82-89.

［111］葛伟杰．企业并购能力测度研究［D］．北京交通大学博士论文，2015b.

［112］高良谋，韵江．购并价值创造评价方法比较与适用性研究［J］．财经问题研究，2004，（12）：3-8.

[113] 谷奇峰，丁慧平．企业能力理论研究综述［J］．北京交通大学学报（社会科学版），2009，8（1）：17-22.

[114] 郭冰，吕巍，周颖．公司治理、经验学习与企业连续并购——基于我国上市公司并购决策的经验证据［J］．财经研究，2011，37（10）：124-134.

[115] 韩立岩，陈庆勇．并购的频繁程度意味着什么——来自我国上市公司并购绩效的证据［J］．经济学，2007，6（4）：1185-1200.

[116] 韩清，胡琨．高标准市场体系建设与企业市场势力——来自中国标准国际化的实践证据［J］．上海经济研究，2024，（07）：44-61.

[117] 何琳，丁慧平．资源、环境与企业能力形成的机理研究［J］．物流技术，2007，26（11）：14-16.

[118] 何琳，丁慧平．基于价值创造的企业能力形成及演进机理研究——以快递物流企业为例的分析［J］．生产力研究，2009，（5）：136-138+167.

[119] 何琳．我国汽车企业外部技术整合发展路径及能力演化研究［D］．北京交通大学博士论文，2013.

[120] 洪道麟，熊德华．中国上市公司多元化与企业绩效分析——基于内生性的考察［J］．金融研究，2006，（11）：33-43.

[121] 胡杰武，张秋生．并购背景下企业资源的分类与转移［J］．中国软科学，2007，（2）：109-117.

[122] 胡金焱，郭峰．有效市场理论论争与中国资本市场实践——2013年度诺贝尔经济学奖获奖成就实证检验［J］．经济学动态，2013，（12）：114-121.

[123] 胡玲．企业并购后整合——基于核心能力的观点［D］．中国社会科学院研究生院博士论文，2003.

[124] 黄嘉涛．企业动态能力对价值创造的影响：共创体验的视角［J］．企业经济，2017，36（08）：30-37.

[125] 黄津孚．资源、能力与核心竞争力［J］．经济管理，2001，（20）：4-9.

[126] 黄兴孪，沈维涛．掏空或支持——来自我国上市公司关联并购的实证分析［J］．经济管理，2006，（12）：57-64.

[127] 贾昌杰．企业并购经历对并购业绩的影响［J］．数量经济技术经济研究，2003，12（20）：133-136.

[128] 姜付秀，刘志彪．行业特征、资本结构与产品市场竞争［J］．管理世

界，2005，（10）：74-81.

[129] 姜付秀，张敏，陆正飞，陈才东．管理者过度自信、企业扩张与财务困境 [J]．经济研究，2009，（1）：131-143.

[130] 蒋冠宏．并购如何提升企业市场势力——来自中国企业的证据 [J]．中国工业经济，2021，（05）：170-188.

[131] 蒋学伟．动荡环境中的企业持续竞争优势 [J]．经济管理，2002，（2）：18-24.

[132] 焦长勇，项保华．战略并购的整合研究 [J]．科研管理，2002，（04）：16-21.

[133] 焦豪，杨季枫，应瑛．动态能力研究述评及开展中国情境化研究的建议 [J]．管理世界，2021，37（05）：191-210+14+22-24.

[134] 金志国．一杯沧海：我与青岛啤酒 [M]．北京：中信出版社，2008.

[135] 鞠雪芹．我国上市公司关联并购的影响因素及效应研究——基于大股东控制的视角 [D]．山东大学博士论文，2014.

[136] 郎咸平等．整合（修订版）[M]．北京：东方出版社，北京，2009.

[137] 李井林，刘淑莲，韩雪．融资约束、支付方式与并购绩效 [J]．山西财经大学学报，2014，36（8）：114-124.

[138] 李青原．公司并购悖论的研究回顾与评述 [J]．证券市场报，2007，（11）：45-55.

[139] 李善民，陈玉罡．上市公司兼并与收购的财富效应 [J]．经济研究，2002，（11）：27-35+93.

[140] 李善民，曾昭灶，王彩萍，朱滔，陈玉罡．上市公司并购绩效及其影响因素研究 [J]．世界经济，2004a，（9）：60-67.

[141] 李善民，朱滔，陈玉罡，曾昭灶，王彩萍．收购公司与目标公司配对组合绩效的实证分析 [J]．经济研究，2004b，（6）：96-104.

[142] 李善民，朱滔．多元化并购能给股东创造价值吗？——兼论影响多元化并购长期绩效的因素 [J]．管理世界，2006，（3）：129-137.

[143] 李肃，周放生，吕朴，邵建云．美国五次企业兼并浪潮及启示 [J]．管理世界，1998，（1）：121-132.

[144] 李玮，宋希亮．并购中筛选目标企业的财务策略探讨 [J]．生产力研

究，2007，（5）：137-139.

［145］李焰．集团化运作、融资约束与财务风险——基于上海复星集团案例研究［J］.管理世界，2007，（12）：117-135.

［146］李燕，郝晓玲，李湛．全球股市有效性的动态演化及量化比较研究［J］.管理科学学报，2022，25（04）：21-43.

［147］李增泉，余谦，王晓坤．掏空、支持与并购重组——来自我国上市公司的经验证据［J］.经济研究，2005，（1）：95-105.

［148］刘岩．企业并购惯性研究［D］.北京交通大学博士论文，2010.

［149］刘莹．企业并购的价值创造机理研究［J］.中国流通经济，2011，（1）：72-75.

［150］刘莹，丁慧平，崔婧．上市公司并购次序对并购绩效影响的实证检验［J］.统计与决策，2017，（11）：185-188.

［151］陆桂贤．我国上市公司并购绩效的实证研究——基于EVA模型［J］.审计与经济研究，2012，27（2）：104-109.

［152］卢艳秋，宋昶，王向阳．战略导向与组织结构交互的动态能力演化——基于海尔集团的案例研究［J］.管理评论，2021，33（09）：340-352.

［153］罗福凯、邓颖．战略性要素资本与企业战略并购［J］.财会通讯，2012，（2）：6-9.

［154］罗珉，刘永俊．企业动态能力的理论架构与构成要素［J］.中国工业经济，2009，（1）：75-86.

［155］毛雅娟．并购方高管动机与并购贷款的特殊风险控制——来自连续并购现象的经验研究［J］.金融理论与实践，2011，（1）：62-65.

［156］迈克尔·波特（著），陈小悦（译）.竞争优势［M］.北京：华夏出版社，1997.

［157］潘丽春．中国上市公司并购价值影响因素及演进路径的实证研究［D］.浙江大学博士论文，2005.

［158］乔治·斯坦纳（著），李先柏（译）.战略规划［M］.北京：华夏出版社，1997.

［159］沈维涛，叶晓铭.EVA对上市公司资本结构影响的实证研究［J］.经济研究，2004，（11）47-57.

［160］宋力，周静．并购能力对并购绩效的影响——基于支付方式中介与业绩承诺调节效应［J］.沈阳工业大学学报（社会科学版），2020，13（06）：521-526.

［161］宋希亮，张秋生，初宜红．我国上市公司换股并购绩效的实证研究［J］.中国工业经济，2008，（7）：111-120.

［162］宋迎春．并购能力与并购绩效问题研究［D］.武汉大学博士论文，2012.

［163］苏敬勤，王鹤春．企业资源分类框架的讨论与界定［J］.科学学与科学技术管理，2010，（2）：158-161.

［164］孙烨，侯力赫．上市公司为什么会连续并购：生来不同吗？［J］.商业经济与管理，2022，（09）：30-41.

［165］檀向球．沪市上市公司资产重组绩效实证研究［J］.中国证券报，1998-9-28.

［166］陶瑞．并购能力：概念，构成要素与评价［J］.软科学，2014，28（6）：108-112+126.

［167］陶瑞，刘东．企业并购失败的原因分析［J］.技术经济与管理研究，2012，（1）：48-51.

［168］田飞，张金鑫，张秋生．并购能力研究综述［J］.生产力研究，2009，（2）：171-173.

［169］田飞．并购管理能力与并购绩效的关系研究［D］.北京交通大学博士论文，2010.

［170］王长征．并购整合：通过能力管理创造价值［J］.外国经济与管理，2000，（12）：13-19.

［171］陈艳艳，王国顺．资源、资源关系与企业绩效［J］.财经理论与实践，2006，（1）：101-105.

［172］汪慧玲，韩珠珠．知识管理中隐性知识显性化的路径分析［J］.科技管理研究，2009，（1）212-214.

［173］王凯．从有一瓶到有一套青岛啤酒持续焕新［J］.中国食品工业，2023，（16）：32-33.

［174］王宛秋，刘璐琳．何种经验更易吸收：关于并购经验学习效果的实证

研究 [J]. 管理评论, 2015, 27 (10): 150-160.

[175] 王宛秋, 王冉, 王芳, 等. 通过跨界技术并购缓解企业经营压力的决策路径研究——基于刺激—反应理论的组态分析 [J]. 软科学, 2023, 37 (08): 103-109+118.

[176] 王晓玲, 陈艳, 杨波. 互联网时代组织结构的选择: 扁平化与分权化——基于动态能力的分析视角 [J]. 中国软科学, 2020, (S1): 41-49.

[177] 王毅, 陈劲, 许庆瑞. 企业核心能力: 理论溯源与逻辑结构剖析 [J]. 管理科学学报, 2000, 3 (3): 24-32+43.

[178] 文海涛. 西方企业并购绩效理论研究评述 [J]. 北京交通大学学报 (社会科学版), 2008, 7 (1): 65-69.

[179] 吴超鹏, 吴世农, 郑方镳. 管理者行为与连续并购绩效的理论与实证研究 [J]. 管理世界, 2008, (7): 126-133+138.

[180] 吴世农. 我国证券市场效率的分析 [J]. 经济研究, 1996, (4): 13-19+48.

[181] 肖虹. 中国公司产品竞争战略中的融资决策行为与行业特征变量关系检验 [J]. 财经理论与实践, 2006, 27 (142): 52-57.

[182] 肖翔, 王娟. 我国上市公司基于 EVA 的并购绩效研究 [J]. 统计研究, 2009, 26 (1): 108-110.

[183] 谢恩, 李垣. 基于资源观点的联盟中价值创造研究综述 [J]. 管理科学学报, 2003, 6 (1): 81-86.

[184] 谢纪刚, 赵立彬. 融资约束、现金持有量与并购支付方式——来自中国资本市场的经验证据 [J]. 北京交通大学学报 (社会科学版), 2014, 13 (3): 77-83.

[185] 谢玲红, 刘善存, 邱菀华. 学习型管理者的过度自信行为对连续并购绩效的影响 [J]. 管理评论, 2011, 23 (7): 149-154.

[186] 胥英杰, 李平. 智弈 [M]. 北京: 清华大学出版社, 2008.

[187] 杨青峰, 任锦鸾. 智能工业时代的企业核心能力构成与作用机理——基于对 223 篇企业领袖公开谈话的扎根理论分析 [J]. 中国科技论坛, 2020, (12): 86-97.

[188] 姚水洪. 企业并购整合问题研究——面向核心竞争力提升的并购后整

合分析［M］．北京：中国经济出版社，2005．

［189］杨波．新创企业知识、能力、战略与竞争优势的关系研究［D］．重庆大学博士论文，2014．

［190］杨君慧．中国上市公司连续并购的市场反应研究［D］．东华大学博士论文，2011．

［191］伊迪斯·彭罗斯（著）．赵晓（译）．企业成长理论［M］．上海：上海人民出版社，2007．

［192］于鸿鹰，何青松，何宗明，等．组织学习影响科技型企业连续并购决策的实证分析［J］．科技进步与对策，2018，35（11）：103-108．

［193］于晓宇，陈颖颖．冗余资源、创业拼凑与瞬时竞争优势［J］．管理科学学报，2020，23（04）：1-21．

［194］余鹏翼，曾楚宏．全球价值链重构与中国制造业海外连续并购战略转型研究［J］．南京社会科学，2016，（05）：16-21．

［195］余婕，董静．风险投资专长影响企业并购行为吗？——基于行业选择的视角［J］．管理评论，2023，35（07）：96-111．

［196］曾敏．中国上市公司并购重组的现状、问题及前景［J］．数量经济技术经济研究，2022，39（05）：104-124．

［197］翟进步，李嘉辉，顾桢．并购重组业绩承诺推高资产估值了吗［J］．会计研究，2019，（06）：35-42．

［198］翟育明，刘海峰，刘伟．我国企业技术寻求导向的连续并购战略研究［J］．国际商务研究，2013，34（194）：87-94．

［199］张兵，李晓明．中国股票市场的渐进有效性研究［J］．经济研究，2003，（1）：54-61+87．

［200］张方方．中国上市公司并购的价值效应的 EVA 分析［J］．武汉大学学报，2007，60（6）：895-900．

［201］张耕，高鹏翔．行业多元化、国际多元化与公司风险——基于中国上市公司并购数据的研究［J］．南开管理评论，2020，23（01）：169-179．

［202］张广宝，施继坤．并购频率与管理层私利——基于过度自信视角的经验分析［J］．山西财经大学学报，2012，34（6）：96-104．

［203］张平淡．核心能力创新企业价值［M］．北京：中国经济出版社，2007．

［204］张秋生．并购基本理论框架的研究［R］．北京交通大学中国企业兼并重组研究中心工作论文，2005.

［205］张秋生．并购学：一个基本理论框架［M］．北京：中国经济出版社，2010.

［206］张晓旭，姚海鑫，杜心宇．连续并购的同伴效应与企业内部控制［J］．东北大学学报（社会科学版），2021，23（06）：22-31.

［207］张新．并购重组是否创造价值——中国证券市场的理论与实证研究［J］．经济研究，2003，（6）：20-29+93.

［208］张翼．金志国管理日志［M］．北京：中信出版社，2011.

［209］张翼，乔元波，何小锋．我国上市公司并购绩效的经验和实证分析［J］．财经问题研究，2015（1）：60-66.

［210］赵定涛，雷明．动态环境下企业持续成长的模型与构建［J］．管理科学，2006，19（1）：23-29.

［211］郑瑞强，张晓薇．农业上市公司 EVA 价值创造及驱动因素研究［J］．商业研究，2012，（7）142-148.

［212］周锡冰．百年青岛啤酒的品牌攻略［M］．北京：中国物资出版社，2011.

［213］周小春，李善民．并购价值创造的影响因素研究［J］．管理世界，2008，（5）：134-143.

［214］周阳敏．房地产中央企业经营效率研究［J］．中国工业经济，2010，（7）：14-25.

［215］朱宝宪，王怡凯．1998 年中国上市公司并购实践的效应分析［J］．经济研究，2002，（11）：20-26+92.

［216］朱顺伟，刘海龙，周春阳．量价趋势、信息不对称与股票收益率：基于中国 A 股市场的实证研究［J］．系统管理学报，2023，32（04）：774-783.

［217］庄明明，李善民，梁权熙．连续并购对股价崩盘风险的影响研究［J］．管理学报，2021，18（07）：1086-1094.

［218］http：//www. gtarse. com/Login. aspx，国泰安数据库．

［219］http：//www. emkt. com. cn，中国营销传播网．

［220］http：//www. f5. tsingtao. com. cn/index. html，青岛啤酒官方网站．